虚荣心理学

李少聪 / 著

全 国 百 佳 图 书 出 版 单 位
时代出版传媒股份有限公司
安 徽 人 民 出 版 社

图书在版编目 (CIP) 数据

虚荣心理学 / 李少聪著 .—合肥 : 安徽人民出版社 , 2022.11

ISBN 978-7-212-11516-6

Ⅰ . ①虚… Ⅱ . ①李… Ⅲ . ①心理学－通俗读物 Ⅳ . ① B84-49

中国版本图书馆 CIP 数据核字 (2022) 第 193360 号

虚荣心理学

李少聪 著

出 版 人：杨迎会 责任印制：董 亮

责任编辑：王光生 封面设计：米 乐

出版发行：时代出版传媒股份有限公司 http://www.pres-mart.com

安徽人民出版社 http://www.ahpeople.com

地 址：合肥市政务文化新区翡翠路 1118 号出版传媒广场八楼 邮编：230071

电 话：0551-63533258 0551-63533292（传真）

印 刷：廊坊市海涛印刷有限公司

开本：889mm×1194mm 1/32 印张：9 字数：200 千

版次：2023 年 3 月第 1 版 2023 年 3 月第 1 次印刷

ISBN 978-7-212-11516-6 定价：42.00 元

前言

　　虚荣心，从心理学角度来讲，是一种追求虚荣的性格缺陷，是一种被扭曲的自尊心。为了满足内心的虚荣，有人迷恋"颜值"而瞒着亲人去整容；有人不分场合地炫耀"我爸是李刚"式的出身；有人追求各种名牌来显示高贵的身份；有人处处炫耀自己的经历和学识……但这种虚荣最终会使我们在生活中狼狈不堪。

　　虚荣使人与浅薄为友。虚荣的人经常摆出一副"上知天文，下知地理"的姿态，无论什么领域的话题，都能做到侃侃而谈，唯恐别人发现自己学识的寡陋。即使对自己知之甚少的话题也要强行议论一番，评说一通。然而，这种行为无异于哗众取宠，刻意暴露自己的浅薄。

　　虚荣令人私欲膨胀。他们为了满足自身对荣誉的渴望，往往不择手段。比如，为了成全自己的才华，不惜盗用他人的研究成果，或者在一个团队耗费无数心血迎来成功之后，抢占一个席位。他们并不是为心驰神往的理想而追求，而是在虚荣中享受虚假的荣耀，最终失去了真诚，也失去了尊严，徒留一张空虚且苍白的人生画卷。

虚荣使人走向虚伪。他们热衷且擅长自我夸耀，通过吹嘘、掩饰等手段拔高自己的身份和地位，比如，吹嘘自己拥有显赫的家世、身居要职的朋友等。

除此之外，他们敏感且脆弱，内心时常出现嫉妒的冲动，排斥、疏远、打压某方面比自己优秀的人，在无意间损害对方的利益。奉承和恭维的话是他们最可口的"甜食"，一旦有人反驳他们的观点或当面提出建议，他们马上就会变得怒不可遏。因此，围绕在他们身边的只是一些见风使舵、溜须拍马的"小人"。

法国哲学家柏格森说："虚荣心很难说是一种恶行，然而一切恶行都围绕虚荣心而生，都不过是满足虚荣心的手段。"这是由于虚荣心会不断放大一个人的邪念，致使其丧失理智，做出某些令人抱憾终生的事情。虚荣心于人、于己、于社会都是一种危害，我们有必要学会克服自己的虚荣心。

首先，我们需要了解虚荣心产生的原因。虚荣的背后，隐藏的是自卑心理、补偿心理、面子心理等。它们是造就虚荣的心理动机。在它们的纠缠之下，我们开始逐渐变得或迷茫或肆意，最终陷入虚荣的旋涡中。

虚荣只是一个面具，而我们所构建的幻想不过是自欺欺人、哄骗他人的一种手段而已。当虚伪的真相被揭开，我们所营造的"努力""幸福""学历""人脉"和"精致的生活"，都会成为别人眼中的笑料，带给我们无尽的羞耻感。

虚荣的人往往过于追求名利，以满足自身的欲望。比如，物质本是人们赖以生存的基础，但随着时代的发展，物质逐渐成为生活品质的体现，身份地位的象征，而这种错误认知就滋生出了贪婪。摆脱虚荣就要走出认知误区，正确看待这些欲望。一个人的欲望是多方面、多层次的，我们可以尽量满足高层次的欲望追求，但一定要用正确的伦理标准、健康的生活方式来规范自己，控制欲望有利于人生在发展的轨迹上运行。欲望是天使，也是恶魔，只有理性才能使它散发耀眼的光芒。

虚荣的人内心一般十分空虚，要告别虚荣就要充实内心。心理医生毕淑敏说："人生本没有任何意义，但我们每个人要为自己确立一个意义。"所谓意义，是指一个人安全感、成就感、存在感的集合，也可以理解为一个人从与他人和世界之间的联系中获取的心理安慰。而赋予意义就是将自己的注意力集中在追求喜悦上，就像多读书、享受工作和生活、专注于努力、关注自己的内心等，都能够打造内心的富足感，弥补内心的空虚。

虚荣的背后也是过低的自我价值感，是对他人赞美、嫉妒、关注的极度渴望。阿兰·德波顿将此称为"渴望世界之爱"。只有悦纳自己，才能重建自我价值感，走出虚荣困境。我们要认清并接纳自身能力，不要因能力不足而变得自暴自弃。就像有些人在面对困境时，不思进取，反而在各种场所寻欢作乐，盲目取悦自己。然而，这种自欺欺人的"快乐"终究会招致更大的痛苦。与其将评判自己的标准交给别人，不如将目光看向自己，发掘自身的优点，尝试着接纳自己。悦纳自我比取悦他人更有力量，只要接纳自己的缺陷，接纳自己的不完美，我们就会发现生活的美好和人生的价值。

本书从生活中真实的案例、小说或影视作品中塑造的人物入手，进行深度剖析，帮你找出导致虚荣产生的原因，并针对性地给予实战技巧，帮助你尽快脱离虚荣。

目录

第一章　虚荣就是扭曲了的自尊心

1
虚荣心人人都有吗

有些人喜欢在别人面前夸耀自己昔日的经历或如今的辉煌成就，喜欢炫耀自己有财力、有名气、有地位的亲朋好友，喜欢追求超出自己能力范围的物质……人们将这种行为看作虚荣的表现，然而"虚荣"却并不止如此，生活中的琐碎小事处处隐藏着虚荣的痕迹。比如在朋友圈中晒游戏的连胜截图，晒"微信运动"的步数，晒看书日记等。这些看似稀松平常的行为其实都是在向他人展示自己的优越感，连胜战绩说明自己游戏实力强，"微信步数"多说明自己爱运动或工作忙碌，看书"打卡"说明自己有毅力。每个人都有虚荣心，只不过追求虚荣的程度不同罢了。

每个人的优点和不足都不尽相同，在深入了解之后，我们才能发现对方身上的优势或缺陷，比如友善、聪慧、吝啬等。但是，如果一个人单纯地站在我们面前，他的能力或天赋是无法被我们察觉的，这也就意味着每个人的优点只有展示出来才是自己的优点。

心理学家杰弗里·米勒认为，每个人与他人竞争的过程，不仅是内在实力的竞争，也需要通过向周围的人展示出自己的"优势"来竞争。而这种"优势"能够让他人更明确地了解一个人的实力和价值。然而，在这种认知的引导下，真实的能力开始变得模糊，甚至无足轻重。当你没有优势时，也可以为自己伪装出优势，同样也能够获得相应的结果，虚荣由此产生。

虚荣心是一种对荣誉的过分追求，本质上是一种"利己主义"的情感反应。这种"利己主义"在每个人身上都有所体现，就像男性追求名誉、地位、金钱，女性追求穿戴、容貌、伴侣一样。在社会发展的推波助澜之下，人们的需求已经不仅只是解决温饱问题，更多源自精神享受。其中最主要的是对自尊的需求，因为每个人都存在这种需求。而虚荣恰恰是一种维护自尊心的表现，只不过它采取了一种区别于社会日常许可的形式罢了。

一个人追求虚荣、沉浸在自我构建的虚假环境内，很容易引发心理问题。但是，导致心理扭曲的因素并不是"幻想"，而是"沉浸"，也就是说单纯地为自己编织一个美好的愿景，这并不是一件坏事，将虚幻当作真实才是最可怕的结果。过度追求虚荣的人往往从个人利益出发，追求一种短暂且虚假的心理满足，通过自欺欺人，弄虚作假来达到博得周围人赞赏和羡慕的目的。长此以往，他们会完全丧失从行为的社会价值来评判自身行为的能力。

虚荣为人们带来严重影响的因素不在于"荣"，而在于"虚"。追求荣誉原本是一件值得肯定的事，而试图跳过努力的过程，通过伪装直接获得期望的结果才是真正的症结所在。

虚荣心本是自尊的产物，是每个人身上都存在的东西，我们只要理性看待内心的虚荣，就能够把握好其中的尺度。

1. 了解自己

一个人究竟拥有多大的能力，是一个只有自己才能知道的问题。对于存在虚荣心理的每个人来说，正确认识自己是一件非常重要的事。只有清楚地认识到自己的优缺点，才能很好地给予自己正面暗示，在其他人面前更加自信，同时，也不会在赞美的愉悦中陷入迷失自我的旋涡。

2. 正确看待自己

我们需要从自己的社会价值看待自己，而不仅仅只是个人价值。相较于社会价值，一个人的个人价值更容易得到满足，有些人之所以沉醉在虚荣中无法自拔，就是因为总是以个人价值作为评价标准，在得到他人的赞赏和羡慕之后，内心就能够得到满足。如果我们总是将"虚荣"关注在个人价值上，就会导致自身的眼界越来越窄，无法对自己进行合理且积极的暗示。

3. 坦然看待失败

对个人成长而言，成功和失败并非绝对对立且非黑即白的两件事，很多人总是在遭遇失败之后，习惯性自我打击，丧失自信，并通过掩饰弱小、伪装强大来改变他人对自己的看法，其实这是完全没有必要的。对我们来说，坦然看待失败，一个人的价值并不会因某些失败而降低。

虚荣心，人皆有之。如果一味将虚荣心归结为恶劣的负面心理，难免有所偏颇。我们要知道，一个人的虚荣心如果运用得当，完全能够转化为追求美好愿景的动力。

2

传说中的"虚荣效应"

iPhone（苹果）系列手机一直是一款热门的产品，相较于手机性能，iPhone 8 与 iPhone 7 的差距并不大，甚至都没有与 iPhone 6 拉开差距。然而，每一次新品发布时，很多人都会选择入手一部最新款、最热门的苹果手机，因为在大多数人眼中，只有这样才符合自己的身份，才更有面子。

实际上，iPhone 8 和 iPhone 8 plus 的预订量十分惨淡，因为时隔不到两个月，苹果官方又推出了 iPhone X，这使得更多的消费者都在等待更高端、更新潮的 iPhone X。而这就是由"虚荣效应"所导致的。

"虚荣效应"是一个很普遍的现象。某款产品问世之初往往都会遭遇"虚荣效应"，即使此类产品并不能为人们带来太大的作用。在 20 世纪 90 年代初期，手机刚刚进入中国市场，由于技术水平限制，当时的手机经常没有信号，电池寿命也短。但依然有很多人将其视为身份的象征，神采飞扬地拿着手机在街上打电话。类似的产品还有电脑、汽车等。而这一效应也逐渐成为很多商家促进商品销售的手段，如瑞士的斯沃琪手表,通过限制产量,提供一些附加服务来提高其独特性,来满足消费者的虚荣心。

拥有一定经济能力的人一般不喜欢出现与大众相似的消费行为,这种情况就可以称作"虚荣效应",泛指个体在购买商品时追求与众不同的现象。对于某些虚荣的人而言,一旦自己使用的产品普及,他们就会迅速更换一款新产品,就像一群乌鸦突然涌入了某个地方,而当地的白鹭就会飞走,所以,这一效应又被称为"白鹭效应"。

之所以会出现"虚荣效应",是因为某款独一无二的商品所具备的特权、地位的象征以及排他性能够带给拥有者虚荣心的满足。一款商品的拥有者越少,人们对这件商品的渴望也就越强烈。比如某位艺术家的作品,限量版的跑车和服装。

这也就导致了某款高档商品刚刚上市就会被一扫而空,因为并不是所有人都能够享受到拥有这款高档商品的荣耀。一旦这款商品逐渐满足大众消费水平,即使内心再喜欢,他们也会随之放弃消费。因为人人都能够拥有的商品是无法带给人们荣誉和高档的感觉的。

美国经济学家哈维·莱宾斯坦曾提出因他人的购买行为而增加购买意图的经济学"从众效应",而"虚荣效应"恰恰与之相反,个体会因他人的购买行为而减少购买意图。当一件商品越是以个人消费为主,"虚荣效应"会越明显;反之,即使价格高昂,也无法引发"虚荣效应"。这也就意味着"虚荣效应"的本质是对稀缺性和独特性的追求。

"虚荣效应"是一种出于虚荣心的非理性消费，对一个人的心理健康和生活会产生一定的冲击。所以，我们要正确认识到理性消费的重要性，将自己的钱花费在真正实用的地方。

1. 避免冲动消费

"冲动消费"是指一种没有计划或意识，因外界因素刺激而产生的购买行为。尤其是在负面情绪严重影响到个人判断时，个体为了发泄内心的情绪而盲目购买商品。当自己清醒或冷静之后，又会为自己的行为感到后悔。所以，当我们在内心情绪出现较大波动时，一定要学会保持冷静，控制自己的行为。

2. 考虑需求程度和商品价值

我们产生购买的欲望时，首先要判断是喜欢还是需要。如果我们只是喜欢这件商品，而它却没有太高的使用价值，可以尝试等一天，告诉自己明天再买，如此反复，直到降低内心的购买欲望。如果我们对某件商品产生需求，可以从它的价格、性价比方面入手寻求合适的商品，尽量不去触碰华而不实的奢侈品。

但我们也不需要总是刻意选择一些廉价的东西。俗话说："一分价钱一分货。"有时候，一件商品的性价比也是很重要的，比如长期使用的电子产品，低廉有时候也意味着性能低、寿命短，影响个人的使用体验。可见性价比的重要性。

3. 考虑自身经济能力

在购买商品时，一定要考虑自身的经济能力，提前列出购买清单，做好购买预算，控制消费的顺序，通过将各种商品的需求程度分为主次，达到控制自己的消费水平，从而理性消费的目的。

爱因斯坦曾说："简单纯朴的生活，无论在身体上还是精神上，对每个人都是有益的。"我们要学会发现生活中的小美好，而不必将内心所有的满足都寄希望于虚荣。

3

虚伪与虚荣之间的差别

当人被一种工于心计的虚荣心掩饰真实的自我，口蜜腹剑，游走于人群之中，肆意猎取自身的利益时，虚荣也就变成了虚伪。最可怕的是，一个虚伪的人往往是不自知的。

郑渊洁在一次作家笔会上被一位作家问道："你有没有读过陀思妥耶夫斯基的书？"郑渊洁摇了摇头，表示自己没有读过，对方十分震惊，又问道："俄国文学的经典之作，你都没有看过，那你是怎么写作的？"

等轮到郑渊洁发言的时候，他说："我最近在看库斯卡雅的书，特别受启发，诸位都看过吗？"在座的大部分人纷纷点头，然而郑渊洁却解释说："库斯卡雅这个名字是我瞎编的，俄罗斯根本没有这个作家。"从此，郑渊洁再也没有参加过作家笔会。

虚荣不可怕，可怕的是虚伪。心理学家表示，虚伪的人往往不真实，他们工于心计，将祸心隐藏在和善之下，为了利益不择手段，前一秒和你推杯换盏，下一秒就可以与你刀剑相向。而且，他们最擅长站在道德的制高点打击他人，像那些以键盘为武器的"道德绑架者"，时刻摆出一副悲天悯人的姿态，抨击别人。然而，一旦相似的事情发生在这些人身上，他们立刻就会换一种说辞，其本质在于对个人利益的追求与维护。

虚伪起源于一个人的欲望，也就是心理学家弗洛伊德所提出的"本我"，是指生理或心理上的欲望，而一个人的"超我"，即道德方面的约束，造就了虚伪。我们一方面需要满足自己的欲望，另一方面也要控制好"超我"，两者之间必然发生矛盾，虚伪就是平衡两者的一种方式。

比如一个人声称自己的择偶标准是善良大方，但实际上，"颜值"不高的女性已经被他从目标人群中清除了出去。他的真实标准是为了寻找善良大方且年轻漂亮的女性，但为了避免出现不好的舆论和风评，他就会选择隐藏一部分标准。

虽然虚荣本身也源自一个人的欲望，但他们往往贪图的并不是利益，而是一种虚假的名声，从外界的认可与赞美中获得极大的心理满足，进一步刺激自我表现欲望，产生相应的外在行为。爱慕虚荣的人一般长期忽视精神诉求，从而导致自我沟通出现障碍，无法正确评估自身价值，只能通过外界的评价和尊重来确认自己的存在。说到底，虚荣是一种由外而内的追求，因外界的压力而渴望获得心理满足；而虚伪则是一种由内而外的追求，因个人的贪念而去搬弄是非。

虚伪的人最恐怖的地方在于，他们能够用语言代替行为，用虚假代替真诚，给所有人一副楚楚可怜的假象。比如他会时常问你究竟需不需要帮忙，但永远不会伸出援手；他可能会说想你很久了，但一个消息都不会给你发。

当一个人的内心十分虚伪时，生活中就会被虚伪的思想、认知、行为所笼罩。久而久之，他的道德层级就会降低，内心的真善美逐渐迷失，整个人变得扭曲。

格拉宁说："虚伪不可能创造任何东西，因为虚伪本身什么也不是。"对于待人处世，很多人都看重真诚，避讳虚伪。所以，我们在交往的过程中要认真反思自己，避免成为一个虚伪的人。

一个人的虚伪往往是为了谋取某些利益而做出的伪装，其根本在于内心的欲望。满足内心的欲望的方式有很多种，但虚伪是一种比较容易实现的方法。长此以往，我们就会开始习惯虚伪，从而陷入恶性循环。想要避免虚伪，控制内心的欲望是最关键的一点，要平心静气，避免自身的功利心过于膨胀。

每个人都存在一种报复心理：如果你欺骗我，那我欺骗你又有何妨。当这种认知上升到价值观方面时，如果你认为周围的事物都是虚伪的，你也就会不自觉地用虚伪来对待世界。所以，我们要用善意的眼光去看待这个世界，保留内心的一丝纯真，真诚地对待生活、对待他人，生活就不会辜负我们。

在交往过程中，我们不要一味考虑自己的感受，要多站在对方的角度上看待问题，不能活得太自私。想要与他人建立一段良好的关系，就需要先学会认可自己、认可他人。

有一句话说："真正的英雄主义，是在看清了生活的本质之后，依然热爱生活。"所以，我们不能因深陷在他人的虚伪中而选择变得虚伪，如果身边的一些人或事违背了我们内心的意愿，我们大可以沉默或逃离，做一个"知世故而不世故"的人，用自己的赤诚之心对待整个世界。

4
虚荣和骄傲的本质区别

简·奥斯汀在《傲慢与偏见》中对虚荣和骄傲给出了自己的观点："虚荣与骄傲是两个不同的概念，虽然这两个字眼经常被当作同义词混用，一个人可以骄傲而不虚荣。骄傲多指我们对自己的看法，而虚荣多指我们想要别人对我们抱有什么看法。"

简单来说，虚荣和骄傲的本质区别在于：骄傲是一个人相信自己在某方面拥有独特的价值，而虚荣却是让他人相信我们所拥有的价值，并以此提高自己的信心。骄傲源自内部对自我的直接尊重，虚荣是通过外界的评价间接地获得自我尊重。

关于虚荣，有这样一个笑话："我最近去附近的餐馆打包遇到了自己的朋友，只能互相装作不认识。毕竟都是活在朋友圈中的人，最近一段时间他应该在法国，而我应该在马尔代夫。"一个人的虚荣和骄傲都是希望为自己树立一个高大的形象，那么，虚荣和骄傲究竟有什么样的区别？

爱慕虚荣的人喜欢装腔作势，夸夸其谈，而骄傲的人更喜欢不卑不亢，沉默寡言。比如很多人热衷于各种圈子，像禅茶圈、机车圈等，而圈子所带来的更多是一种形式上的虚荣。

而只有一个人对自己的价值有着发自内心且坚定的信心时，才是真正的骄傲。就像一个环保主义者，她无论去什么样的场合都选择绿色出行，且毫不掩饰自己这种出行方式，即使遭遇他人的白眼和嘲笑。这就是一种源自内心的骄傲，她摒弃了世俗的概念，没有故作姿态，只遵循于自己的标准。

虚荣是骄傲最大的敌人，因为虚荣通过构建虚假的形象来获得他人的赞美，并以此确认自我评价。这种行为在一定程度上削弱了一个人对自身能力的认识和肯定。

很多人会反感，甚至抨击骄傲，将其视为人类本性中三个愚蠢特质之一，说的就是骄傲的负面意思，是指一种对于个人的地位或成就的自我膨胀与炫耀，通常与傲慢是同义词，形容一个人的傲慢和目中无人。

虚荣的确是一项缺点，但对傲慢而言，只要你能够把握好其中的度，你总能够避免它带来的麻烦。生活中很多人总是摆出一副睥睨天下的姿态，仿佛所有人都应该跪倒在他的脚下，甚至罹患自大妄想症等精神疾病，将自己看作活佛转世，声称自己拥有亿万资产。但是，心理学家经研究发现，一个人对自我的认知存在轻微的自大倾向是一种正常的现象。也可以理解为心存一丝骄傲的人才是正常的，就像乐观主义者一样，总是充满信心。

一个人的自信源自内心的骄傲，过于看重他人评价并尽力猎取他人称赞的虚荣者，往往就是缺少这种内心的骄傲。在《乘风破浪的姐姐》的 30 位姐姐中，张雨绮作为搞笑担当，一直是一个神奇的存在。在节目开播当天，张雨绮凭借自己的发言掀起了网络舆论的第一个浪头——姐姐的自信根本不设上限。当她收到意味着"女团技能中无强项"的差评分后，依然能够保持绝对的自信："就是我很优秀，是吗？"甚至在被提及缺点时，她也会毫不掩饰地表示："我的缺点就是太过于自信。"

社会心理学家曾提出"积极错觉"的概念，是指人们对自己和自己所亲近的人所抱有的一种不现实的积极态度。而在大多数观众眼中，张雨绮大概就拥有着这份"积极错觉"。实际上，这种积极错觉在内心骄傲的人身上都有所体现，就像是拍照时附加的"滤镜"一样。

我们应时时刻刻提醒自己，在看到自己消极的一面时，也要看到自己积极的一面，并且，主动欣赏积极的部分。为自己感到骄傲，我们就不会为了确认自我价值，而为自己构建虚幻的形象，从他人身上获得称赞和认可。

诗人贺拉斯曾说："你必须强迫自己接受应有的骄傲。"那我们为什么要接受自己的骄傲呢？因为，我们要明白在世界上，并不是所有的错误或失败都要归咎于自己，我们能够意识到自己需要改变和提高的地方，但更要意识到世界本身的变化无常。我们只是万千人中的一个，如果总是独立承受外界的强压，我们内心的自己就会越来越小，也就越来越自卑，越来越不知所措。而骄傲则更像是一种自信，一种无所畏惧。

越是身处大格局中，越是要尽快找到属于自己的那份骄傲，名誉、地位、金钱等虚荣的载体都远远比不上一腔热血。人生布满了荆棘，只有拥有属于自己的骄傲，才能活出自己独特的味道，而且，他人也休想利用主观印象来否定我们内心的自我价值。别人笑我头撞南墙，却不见我推倒南墙，继续前行。

5
为什么越穷的人越虚荣

很多"穷人"为了甩掉"贫穷"的标签，变得越来越向往财富向往自己所期待的样子。当内心的占有欲和脆弱的自尊心趋于巅峰，他们就很难再保持理性，购买高仿名牌包撑门面，聚餐主动结账装阔气，出门一定要专车接送，甚至偏居一隅也要装作览遍世界名迹。他们担心暴露自己的辛酸和贫寒，在生活中总是小心翼翼。

电视剧《欢乐颂》中，樊胜美每一次出场都在尽力展现自己优秀的一面，但她却是五个人中出身最穷苦的人。安迪是一名被人收养的孤儿，也是从美国纽约归国的商业精英；曲筱绡是典型的富二代；邱莹莹来自一座小城市，但胜在父母的宠爱；关雎尔的家境也比较殷实。反观樊胜美，出身于一个重男轻女的家庭，工作之后被败家的哥哥所拖累，赚来的钱基本上都用来贴补家用。

一般来说，她应该是一个衣着朴素、吃苦耐劳的姑娘，但剧中的樊胜美却截然相反，她张扬、虚荣、拜金……在偶遇老同学时，谎称房子是自己的；因王柏川的家庭条件差而多次拒绝对方的追求；羡慕安迪和曲筱绡富裕的生活。

为什么越穷的人越虚荣？因为缺乏经济能力的人在面对任何事情时，总会联想到钱，遇见自己喜欢的物品，在昂贵的价格下望而却步；结交朋友时纠结社交费用；遇见喜欢自己的人时，认为自己没有恋爱的资本；打算尝试新事物时，不停告诫自己没有失败的机会……在他们眼中，因为穷，没有从头再来的资格，因为穷，不配拥有爱情。

长此以往，这种不断挫伤自信的经历，会让他们变得越来越没有自信，进而形成一种思维惯性，与此同时，自尊心和自卑情绪也越发强烈。没有人能够长期忍受自卑带来的痛苦，而脱离痛苦最快的方式，就是利用具有某些身份标志的物品来"武装"自己，让自己尽快融入所处的群体。于是，虚荣就此产生。

虚荣所带来的好处是显著的：人们能够轻而易举地拿回自己被丢在地上的自尊，享受内心的满足。在他们眼中，只有虚荣才能维持自己的面子，维持自己看似美好的一切。但实际上，他们所营造的一切都只是虚妄，他们所渴望的尊重与平等只停留在表面，一旦被撕破伪装，他们不但会被打回原形，还会再遭受一次伤害。

贫穷与富有并不能作为个人价值的标准，就像一个人在定义"白富美"和"高富帅"时所讲："什么是真正的白富美：身为女子，洁身自好为白，经济独立为富，内外兼修为美；何谓真正的高富帅：生为男子，大智若愚、宠辱不惊是为高，大爱于心、福泽天下是为富，大略宏才、智勇双全是为帅。"

诗人席慕蓉曾说："贫穷不是羞耻，富贵也不是罪恶，粗茶淡饭与锦衣玉食并没有太大的差别。"财富的多寡给生活带来的影响，取决于我们对它的态度，正确审视贫穷与富有才是人生真正的智慧。

我们不得不承认在物质上很容易区分贫穷与富有，但判断贫穷与富有的恰当方式在于一个人对个人经济的思维。如果一个人对金钱比较敏感，能够独立设计理财计划，确认理财目标，那么他就能够在工作和生活中有目的地储蓄，通过抓住机遇而不断增加自己的财富。如果一个人只在意生活中的享受，无论他拥有多少财富都会走到山穷水尽的一天。

而且，物质上的富裕并不代表精神上一定富足。也许很多富裕的家庭不仅物质上富有，精神上也相对富足，但只注重物质方式的提升，而放弃精神层面的家庭也比比皆是。他们坐拥豪宅、豪车却终日横行霸道，腰缠万贯却不断剥削底层员工，置他人利益于不顾。这样的人即使拥有再多的钱，也不过是生活在金山中的愚昧者。

　　反之，一个人在物质上的贫穷也证明不了精神上的匮乏。曾经轰动一时的"流浪大师"，整天衣衫褴褛，蓬头垢面，以捡垃圾为生，但他却可以将《左传》《尚书》讲得通俗易懂，关于企业治理、各地掌故的见解也令人叹为观止。而这也是一种人生态度。很多大学教授也是如此，他们的积蓄也许都比不上某些人一晚上的消费，但他们依然能够予生活以乐观，予他人以宽容。

　　精神上富足才是一个人真正的追求，当你能够对生活有目标，对自己有要求，你会发现即使生活一贫如洗，人生也不乏一种宠辱不惊的大气。

6

有些人一生都在和虚荣做斗争

　　心理学家阿德勒曾说："幸福的人用童年治愈一生，不幸的人用一生治愈童年。"而虚荣就是有些人需要穷其一生来治愈的病，而这种病根源在于世俗的偏见。

偏见可以解释为："对某一个人或团体所持有的一种不公平、不合理的消极否定的态度，是人们脱离客观事实而建立起来的对人和事物的消极认识与态度。"在现实中，偏见无处不在，白色人种对有色人种的偏见，重男轻女家庭对女孩的偏见，某些人对特殊地域人群的偏见……而最常见的就是对出身低微或贫穷的偏见，这些毫无根据的偏见会对一个人造成严重困扰。

电视剧《黑冰》中的郭小鹏是令人仰慕的海归博士，是一家大集团的董事长，然而就是这样一个近乎完美的人，一生都在和虚荣做斗争。

他的童年在周围人的冷漠和蔑视中度过，导致形成了根深蒂固的自卑人格。在谈及童年经历时，他说："那种深入骨髓的歧视，那种精神摧残是难以想象的，那是一种超越了阶级仇恨的蔑视！"

在之后的人生中，他拼命地争取尊重，出国留学，回国创业，成为优秀的企业家，顶着很多头衔在各种会议上侃侃而谈。但他始终没有逃离自卑带来的痛苦，反而近似疯狂地用成功来掩饰内心深处的自卑，弥补曾经精神上的缺失，沉浸在虚荣之中。

他的心理开始变得扭曲，疯狂地报复社会，走上了违法犯罪的道路。在走上刑场的那一刻，他说："我切肤之痛地感受到，我的命运之所以悲惨，原因只有一个——没权！所以，从那一天，我就奠定了自己的人生目标是什么，我要不择手段地、疯狂地去追逐钱和权，然后用它们来报复这个可恶的人类社会。"

心理学家荣格曾说："无论哪里，只要存在着自卑感，就一定有其存在的充分理由。那儿一定有某种卑劣的东西，尽管我们尚无法确知详情。"这种卑劣的东西在现实生活中更多地是一种没有尊严的生活。

每一个人都有自卑感，而周围人的冷漠和嘲笑会不断加深这种自卑感，使一个人对自己的能力产生怀疑，直至形成自卑人格。在成年之后，个体为了摆脱内心的自卑，就会不断追求虚荣来获得他人尊重。

行走在虚荣路上的人，他们不敢停下脚步，因为一转身就会看见自己千疮百孔的内心。而虚荣似乎成为他们一生的宿命。

钱钟书先生说："人生虽然痛苦，却并不悲观，因为它始终抱着快乐的希望。"我们之所以不断追求虚荣，是因为蒙蔽了真实的自己，将外界的事物和评价作为尊重和认可的依据，却单单忘了自己认可自己。

以下是几种养成积极心态的方法：

1. 正确认识自己

当一个人在自我认知上形成偏差，认为自己是世界上最差、最无能的人时，他就会不断压制内心的情绪，导致心理失衡，使心理压力增大，从而产生自卑的心理。当我们感到自卑的时候，不妨从不同的角度看待自己，发现自己的长处，接纳自己的缺陷。在遭遇挫折的时候，不要一味否定自己，客观分析导致失败的原因，正确认识自己。长此以往，我们就能够清晰感受到自己的价值。

2. 改变周遭的环境

心理学研究表明，环境对一个人的心理存在潜移默化的影响。一个积极的环境更容易让我们拥有积极的心态，从居住的房间开始，尝试将周围的环境变得积极向上。比如在房间里挂一些励志的字画，养一些能够让人心情愉悦的植物，养一些能够让自己更容易看到生活中美好的小动物等。

3. 行为影响心态

一个人的心态往往能够影响他的言行，比如，积极的行为能够让我们的心态变得积极起来。比如跑步、爬山等愉悦身心的运动。通过加快血液循环，加速新陈代谢，让我们内心的消极情绪得到释放。

4. 结交朋友

自卑的人往往会在自己的内心筑上一层坚硬的壳，用以保护脆弱的自我。但越是封闭自我的人越自卑，在一段和谐的人际关系中，我们更容易感受到生活中的温暖，也更容易在被帮助和帮助人的过程中感受自我价值。

戴维·迈尔斯说："当我们有所归属时，当我们感到被一种亲密的关系所支持时，我们会更加健康和快乐。"若我们能够真真切切感受身边的美好，找到内心的归属，我们就不会为了虚荣而辛苦地活着。

7
一切恶行都围绕虚荣而生

哲学家柏格森说："虚荣心很难说是一种恶行，然而一切恶行都围绕虚荣心而生，都不过是满足虚荣心的手段。"在现实中，因虚荣心而使人生走向黑暗的事例比比皆是：10 岁男孩因充值手机游戏，一个月花光父母 5 年积蓄；某集团会计暗中挪用百万公款打赏女主播，只为搏取芳心；某军队士官"衣锦还乡"，为炫耀其身份，私自携带枪支，最终锒铛入狱……虚荣虽然能够让人们获得心理满足，但也会给人们带来严重的心理障碍，甚至导致人们为了虚荣不计后果，不择手段。

电影《妙笔生花》中，罗里·詹森是一名渴望成为美国文学代言人的作家，但写作灵感的匮乏让他烦恼不已。在一次旅行中，他无意间在巴黎的一家古玩店购买了一个二手文件包，却惊喜地发现里面居然有一部被人遗忘的小说手稿。

小说讲述了一个发生在 20 世纪 40 年代的爱情故事，罗里被作者的构思和文笔深深地折服，认为自己的写作资质远远比不上对方。在虚荣心的驱使下，他偷偷将这份手稿占为己有，试图借此一举成名。在小说出版之后，果不其然，罗里重新站在了美国文坛的制高点。

可是，小说的故事和人物源自真实事件，那些与原作者存在交集的人开始陆续找上门来，而这部小说也逐渐成为罗里的噩梦。

原本渴望得到外界的认可，是一种正常的心理需要，但存在虚荣心理的人往往会选择掩盖自身的不足，放弃提升自我，用投机取巧的方式来猎取名声和荣誉。长此以往，他们的内心开始不知不觉地遭受自私、虚伪、欺诈等因素的侵蚀，与积极健康的心理愈行愈远。

过于虚荣的人极为敏感，十分看重他人对自己的评价，但现实告诉我们，没有人能够时刻受到他人的赞美和追捧。一旦他们无法得到这种肯定和认可，往往会变得灰心丧气，怀疑自己，积蓄满腔的怒火和怨气，同时由于伪装的存在，他们不愿向他人敞开自己的心扉，这就导致了负面情绪的持续发酵，直至爆发。

他们受到周围人的赞美和认可时，就会陶醉在虚荣的自我满足中，认为自己超越了所有人，内心出现激动甚至过于兴奋的情绪反应，而正是因为这种突如其来的高涨情绪缺乏持久性，导致人们在短暂的喜悦之后，情绪又瞬间跌落谷底。在短时间内，情绪的大起大落会使他们难以稳定自己的心理状态，这也就意味着在情绪低落的时候，内心对虚荣的渴望会更加强烈。就好像人们常说的："由俭入奢易，由奢入俭难。"

当欲望逐渐变得强烈，人们就开始变得盲目，只为了满足内心对虚荣的渴望，而不择手段。比如，为了显示自己的学识，将别人的成果窃为己有；为了显示自己的富有，而不惜铤而走险，做出偷盗、抢劫等行为。

对我们来说，最可怕的不是虚荣心，而是被虚荣心所控制，在错误的时机通过错误的方式表现出来。如果我们能够正确看待虚荣，就能够脱离故步自封的困境，在令众人仰慕的眼光中，蜕变成一个自己所期待的样子。

1. 正确看待自尊

太多人的自尊建立在他人赋予的态度和价值上，明知道这种尊严不过是空中楼阁，仍不遗余力地加固它，用更为宏大和华丽的表象去吸引目光，但无论他们怎么填补，都无法阻止空中楼阁坍塌的命运。

一个人的自尊在于对自我的认可和尊重，绝不能为了一时的心理满足，而形成错误的认知。只有正确看待自尊，才不至于因外界的干扰而失去人格，变成一台只懂得获取虚荣的满足感的机器。

2. 树立崇高理想

现实中的一切没有绝对的好与坏，所谓好坏，不过是一个人内心的态度使然。当一个人并未拥有与自身追求相匹配的实力时，虚荣就会成为他人生的牵绊。如果我们能够真正看到自己内心真实的美，就能够重新定义眼中自己的负情绪、坏品质，从而使其为我们带来不一样的能量。

很多人能够在一些平凡的岗位上做出成绩，一步一步走向高处，就是因为他们有自知之明，能够正确看待自己的长处和不足，并拥有足够的能力去驾驭它们，将消除理想与现实之间的差距作为毕生追求。

托尔斯泰曾说："没有虚荣心的人生几乎是不存在的。"而恰到好处的虚荣心不仅能给予我们追求美好的动力，也会让我们的心情变得愉悦，尝试与虚荣心和平相处，也许会有不一样的收获。

第二章　生活中的虚荣心现象

1
为拼"颜值"去整容——外表的虚荣

在这个看脸的时代，越来越多的人开始追求高颜值、好形象，甚至为了找一份好工作频繁整容。心理学告诉我们，人的心理总是通过其行为表现出来。过分追求外表热衷整容的人，往往是虚荣心在作祟。这些人更在乎他人的眼光和看法，希望自己的外貌在别人眼里是最好的。而这种外表的虚荣恰恰反映了其内心的软弱和自卑，需要通过整容来满足自己虚幻的自信心。

陆雨涵是某高校英语系的学生，她虽然不矮，但身材平平；头发虽然浓密，但脸是典型的国字脸，颧骨很高；眼睛虽然大，但是单眼皮，鼻梁也很塌。

她很少逛街，也很少买衣服，她做梦都想变成一个身材前凸后翘、皮肤白皙细腻、双眼皮大眼睛的美丽公主。为此，她愿意付出任何代价。

促使她开始关注整容的是在一次兼职卖化妆品时，顾客居然当着她的面说"看你的样子，我就不想买你的化妆品"，闺蜜也戏称她是"平底锅脸"，前男友一句"你的脸长得怎么这么畸形！"更是让她的自尊心碎了满地。

陆雨涵能说一口流利的英语，想做口译。在这个拼颜值的时代，为了能在求职时增加筹码，也为了将来赢得一份美好的爱情，她决定"豁出去"了，冒着各种整容风险，她瞒着家人报名参加了某医院的免费整形活动。在短短半个月时间内，她磨骨削瘦了下巴、垫高了鼻梁、拉了双眼皮、磨光了皮肤上的斑点，整个人脱胎换骨。爱美之心人皆有之，对美的追求是人之常情，但是追求美不等于盲目求美。很多去整形美容的人并非有明显的外貌缺陷，而只是在虚荣心的驱使下，看周围人整形后变漂亮了，便想搭上整形美容这趟时髦车，追求更高的颜值、更完美的外貌。比如时下流行锥子脸，不少人就去通过手术改变脸形。还有人受韩剧影响，知道韩剧里的大美女，连男明星都是整过容的，就觉得这么多明星都整，这事儿也没那么危险。更有甚者拿着照片"模板"，希望整成和某位明星一样的眼睛或下巴。结果是整了这里，发现另外一个地方又丑了，只好在整容的道路上不停地走下去。

　　再加上一些整容机构为了迎合这种虚荣心而打出的各种宣传，暑期成为了学生整形的高潮时期，有的美容整形机构甚至特意打出了"开学当校花"的宣传广告。事实上，整容本身并无可厚非，但如果你本身并没有什么缺陷，而只是因为相貌平平的同学突然变成了朋友圈里的"女神"因心理不平衡而去整容，还是要慎重。

　　乌拉赫曾被视为巴西最美女性之一，她认为自己险些丧命可能是因为过度迷恋容貌和"愚蠢的虚荣"而受到的惩罚。在回顾濒死时刻时，她说："痛苦没办法用言语形容，就像皮肤和肌肉都被撕裂一样。这种可怕的痛苦深入骨髓中。"她发誓将利用余生警告其他女性"整容手术危险"，虚荣不代表一切。

我们生活在一个浮躁的时代，外貌分值被空前提高。但时间久了，良好的修养、正直的人品、出色的才干、丰厚的学识会显现出更重要的价值。摒弃虚荣，让我们以更理性的态度来对待自己的外表吧——

1. 美是多层次的

变美的方法有很多种，整容并不是唯一的选择，学学化妆和服装搭配，闲暇时间多锻炼身体，同样能让自己的外在形象改观不少。

美是多层次的，它不仅包括人的眉毛、眼睛、鼻子、嘴巴等外貌特征，也包括一个人的内在涵养和气质。学会提升自己的内在涵养，从心底开始自信起来，你才会变得真正美丽。

2. 降低理想中的自我

一个人对自我期望过高，很容易产生自卑感，而这种感觉会加重其整容冲动。实际上，许多人去整容，与其实际相貌的美丑并没有必然的关系，主要因为他们对自己的外貌要求过高。如果你适当降低对自己的要求，你内心的自卑感就会降低，那么你去整容的动力就会变小。

3. 问问自己究竟应整的是"容貌"，还是"心理"

整形手术可以帮助我们改变一些身体上的缺陷，从而使我们更能充满信心地面对生活。但是很多人总是反反复复地进行整容，虽然他们会认为自己是在"追求完美的感觉"，但是事实上，当他们把自己全身几乎都"修"了一遍时，就要考虑一下自己是否有心理问题了。

4.从其他方面找回自信

克服自卑的一个重要方法就是通过其他方式获得补偿。如果你对自己的相貌不满意，不要紧，把你的注意力和精力投注到你的事业和生活上，这样，对容貌的自卑就会演变成追求家庭幸福、事业成功的重要动力，而通过事业的成功、家庭的和谐，你可以帮助自己重新找回自信。

5.接受心理治疗

如果你本来就没有什么外貌上的缺陷，但是整容上瘾，并且在整容后仍旧会感到不满意，无法停止自己的行为时，你就应该意识到自己可能已经出现了严重的心理障碍，这时候你应该立即向心理医生求助。

"清水出芙蓉，天然去雕饰。"素颜美不是被越来越多的人推崇了吗？同时，如果你能够丰富自己的内在，那么两者相得益彰，会让你由内至外地散发出一种无与伦比的自然美，这是任何整形手术都比不上的。

2
"你知道我爸是谁吗"——出身的虚荣

2010年，一男子驾车撞向两名正在玩轮滑的女生，径直从其中一名女生的身上碾了过去，被保安拦截下来之后，他态度嚣张地说："你知道我爸是谁吗？我爸是李刚，有本事你们告去。"酒后肇事，口出狂言，将这位出身显赫的富家子弟推上了舆论的风口浪尖。

电影《老炮儿》将富二代和官二代的嚣张形象刻画得淋漓尽致，他们私自改装车辆，在城市公路飙车，非法囚禁他人。在张学军拿钱赎人时，对方扬言"就算报警我们也不怕"，甚至在汇款单意外丢失后，威胁张学军说："这世界不是你们这些小老百姓能够想象到的，别给自己惹麻烦。"

富二代、官二代之所以喜欢炫耀自己的出身，是因为他们高于正常人水平的"积极错觉"。"积极错觉"由心理学家谢利·泰勒等人提出，指的是当一个人的自尊心受到威胁时，利用自我概念的理想、夸大对可控性的感知等缓冲，保护自己的自尊。表现为不现实的积极自我概念夸大、不现实的乐观主义等形式。简而言之，就是对自己的评价过高，就像《纸牌屋》中木下总统所说："接近权力让一些人错以为他们拥有权力。"

家庭环境是催生因出身而虚荣的一大因素。一些人长期过着"饭来张口，衣来伸手"的生活，在父母的庇护下，超脱规矩的限制，让他们对自己存在一种过高的评价。而且由于家庭出身，他们在人际交往中，始终会有高人一等的感觉，加上周围人的吹捧和拥护，会使其产生一种愉悦感。于是，为了满足自己的虚荣心，炫耀自己的出身成为生活的常态。

出身是一种与生俱来的优势，但这种优势源自父母的恩赐，而并不能成为衡量自身价值的依据。对我们而言，这种出身的优势并不需要去刻意炫耀。

姜思达制作的《透明人》节目中，有一期的主题为《我爸闲着没事买了艘航母》，是对一名富二代的专访。采访地点位于正在建设的航母主题乐园，采访期间姜思达分别从生活、事业、爱情等方面提问，虽然富二代家庭所拥有的财富令人咋舌，但他的回答却并没有让人感觉到出身为他带来的虚荣，反而承受了常人无法想象的压力。

关于生活，他回答说："我们这个圈子任何一个人结婚只随礼200元，自己也经常趁着'双十一'购买一些打折的服装。"

关于事业，他回答说："我不是一个创业者，我一直觉得这不是我的，我对这件事情是感兴趣的，但这件事情并不属于我，因为我完全没有对它的控制力，在公司里面，我大概只是一个监督者和执行者的角色。"

关于爱情，他回答说："我希望自己有能力养家之后，再去想孩子和结婚的事情，就是我不认为这些都是我的，哪怕说我在这个平台之上，我能做出成绩来，这也只是我有信心去为一个家负责的状态。"

将自己殷实的家境展示在朋友圈中，得到的不过是旁人的羡慕，只有不停地努力，才能走出属于自己的路。资本只是我们努力的阶梯，如果只是将其视为炫耀的资本，除了引起周围人的嫉妒，甚至记恨，让自己失去努力的方向外，毫无用处。

俗话说："如人饮水，冷暖自知。"无论你的出身、家庭能够为你的生活带来怎样的改变，终究只是你一个人的事，而并不是为了展示给所有人看。这种沉默是一种隐私的保护，更是对自己的一种体面与成全。

3
戴名表的男人——身份的虚荣

阿兰·德波顿在《身份的焦虑》中表示："当和我们处于同层次的人拥有比我们更好的东西，我们就开始怀疑自己的地位比他低，由此感到担忧。"而炫耀在一定程度上是为了缓解这种焦虑，通过具有身份象征的事物来体现自己的地位和身份，劳力士手表、GTR汽车、香奈儿产品，甚至出国旅行等都是完成身份"认证"的媒介。

一名韩国华侨在参加一位房地产大亨的婚宴时，被眼前的一幕所震惊。婚宴餐桌上摆满了产自法国玛高酒庄的葡萄酒，售价高达3000元，而贵宾席上的红酒是来自拉图的葡萄酒，售价超过了1万元。一瓶瓶天价红酒在觥筹交错中被客人喝光，服务员立刻为他们端上一瓶新的红酒。

对于很多有钱人来说，高级的葡萄酒往往被看作身份的象征。一家葡萄酒专卖店的负责人曾表示："很多富商、艺人经常购买数万，乃至数十万元的葡萄酒来喝，购买七八千元的葡萄酒的人更是比比皆是。"这种对身份的追求在葡萄酒的价格上也有所体现，一位葡萄酒进口商家表示："玛高等著名酒庄的产品平均每隔20天就要涨价一次，来买的人多了，价格自然飞涨并且经常断货。"

在现实中，类似葡萄酒的炫耀性商品有很多，名表、名车、名牌包都被人们看作一种身份的象征。但大多数购买这些立中的人都不具备相应的经济实力，只是一味期望通过一件带有符号性的商品，使自己跨入某一个阶层，达到满足内心虚荣的目的。

　　炫耀的本质是一种暗示，暗示自己的身份配得上这样的东西，并以此来提高自己在他人心中的身份和印象，博得更多的关注。鲁迅先生在塑造孔乙己时，写道："孔乙己是站着喝酒，而穿长衫的唯一的人。"在孔乙己的心中，"长衫"是读书人身份的标志，即使"长衫"又脏又破，他也不愿脱下读书人的标志，与"短衣帮"为伍。

　　对外物的盲目追求催生了"炫耀性消费"，经济学家凡勃仑在《有闲阶级论》中给出了自己的观点：想要获得并保持尊荣，拥有财富和权力是远远不够的，还必须能够提供尊荣的证明。而"炫耀性消费"就是为了财富或权力提供证明以获得并保持尊荣的消费行为。

　　心理学研究表明，个人所购买的商品的价格能够很好地显示出个人的收入水平，通过提高商品价格的方式，能够将高层次者和低层次者进行有效的区分。而这也就导致了很多奢侈的商品俨然成为一个巨大的符号载体，很多人所追求的核心价值也不再是商品的实际使用效用，而是炫耀其体现出的身份象征而带来的虚荣。

　　一个人越是炫耀自己的身份，就越希望在他人心中树立起一个高层次的形象，这种极易获得的满足感会毁掉他原本的人生目标，盲目追求这种虚假。如果一个人的实力与其显露的身份不相符时，为了维持这种荣耀，他势必会付出更多的利益来满足这种虚荣。

社会身份是每个人心灵的必需品，对一个人的身份来说，外在的物质只是浅层的表象，真正体现一个人身份的因素更多源自内在的学识和修养。

1. 学识

学识是一个人身份的体现。当然，我们也不能要求自己一定要才高八斗，无所不知，能够在多领域有所涉猎最好，即使无法满足这种条件，也一定要拥有自己擅长的领域。不能总是在沟通过程中不断重复"挣钱啦""工作啦""出国啦"等单薄的词汇。而且，一个人的学识能够影响其见识、谈吐以及社交能力，这些也都能够体现一个人的身份。

2. 修养

一个人的修养往往是他的"第二身份"，我们华丽的穿衣打扮处处显露着身份的高贵，但言行举止能够一瞬间摧毁我们在他人心中的形象。比如在公共场合抽烟、大声喧哗、随地吐痰等。

真正的修养并不是刻意，而是藏于内心的一种习惯，即便我们不开口说话，他人也能够从我们的一言一行中感受到。比如在地铁和公交车中，即使时间紧迫也不要推搡他人；下雨时，进入公共场合前将雨伞装入袋子，避免弄湿地面和别人的衣服；与别人交谈时，不随便打断别人的话，等等。

当我们把自己的视野扩散到外面的世界，就不会在自己的小世界里炫耀自己。千万不要目光短浅地将自己束缚在自我陶醉的虚荣中。

4

"富贵不还乡，犹锦衣夜行"——成功的虚荣

古人言："富贵不还乡，如衣锦夜行，谁知之者？"数十年寒窗苦读，只为一朝金榜题名，谁又愿意放弃衣锦还乡的机会呢？试想一下，当你荣归故里时，亲朋好友伫立街头，翘首以盼，你在万众瞩目之下踏进家门，此时的心情又岂是一个"爽"字能够解释的呢？

从古至今，每一个离乡远游的人，都怀揣着一个衣锦还乡的梦。我们在外吃过的苦、受过的痛，都是为了有朝一日，能够让别人看见自己的成功。

对很多外出打工的人来说，春节返乡之旅是一场没有硝烟的战争，大多数人都会选择买一辆好车来提升自己的面子，满足自己的虚荣心。抖音中有一个关于"衣锦还乡"的经典段子：村里的广播中播放着一条求助信息，表示自己的宝马车陷在了农田里，希望大家能够帮忙，车子里装着中华烟。这何尝不是一种变相的炫耀。

"衣锦还乡"是烙在太多人心中的印记，每个漂泊在外的人，都希望自己不要太落魄地回到家乡。为什么很多人都会有"衣锦还乡"的想法呢？原因有两种：对有些人来说，成功是一件难以获取的东西，所以，一旦获得成功，他们的内心就会产生一种想要告诉全世界的冲动，用他人的言行来印证自己的成功。而家乡的亲朋好友了解自己的底细，成功前后的巨大反差更容易收获乡亲们的羡慕；另一种则是，一些人由于在穷困潦倒之际遭受周围人的轻视，在成功之后难免会出现报复心理，导致炫耀行为出现，他们内心不断被自卑情绪所刺激，担心被他人看轻，而炫耀成功是为自己正名，更是一种情绪的宣泄。

　　向他人展示自己的成就和荣耀无可厚非，但太过张扬地炫耀自己的成功，甚至自我陶醉，往往都会令人对这种小人得志的行径出现反感和排斥。每个人都有虚荣心，但凡事都需要有一个限度。盲目追求"衣锦还乡"的成就感和荣耀感，往往是一种心态不够豁达的表现。

　　回家是为了一家团聚，是一场关于亲情的约会。母亲特意为我们准备的一桌饭菜，奶奶站在村口翘首以盼的目光，父亲等你回家燃放一束烟花……我们应该怀揣着幸福和渴望，去迎接父母亲朋的等待和养育我们几十载的家乡。而这种幸福与一个人的身份和地位无关。

　　我们之所以努力，并不只是为了成为一个成功者，而是要成为一个比昨天更有价值的人。正是这份价值，会让我们懂得自己的努力并不是一无是处。在成长的过程中，努力让我们能够更加积极地向往心中的美好，更加懂得珍惜眼前的自己，珍惜自己所拥有的一切。

成功是对一个人的付出的肯定和认可，并非只是支撑我们炫耀的资本。炫耀和吹嘘不仅不能给他人留下一个深刻的好印象，反而会遭到他人的反感与排斥。

5
吹嘘旅行经历的人——阅历的虚荣

在很多人眼中，旅行是一种最好的炫耀方式，它满足人们对自由与美好的追求。越来越多的人打着"洗涤心灵"的幌子去往人们心中神圣的西藏，背靠布达拉宫；赶往美丽的丽江，期待着一场艳遇；让青海的茶卡盐湖成为自己最美的背景……然而，除了拍照，大多数人都没有耐心去感受世人眼中的美好，他们渴望的是朋友圈中的点赞和羡慕的眼光。就像一位女网友在旅行前购买了18条裙子，旅行归来的第一件事就是申请退货。而在她的朋友圈中，全是在旅行途中拍摄的美照，而衣服正是在网上购买的衣服。

叔本华曾说："人性一个最特别的弱点就是在意别人如何看待自己。"很多人都为此放弃了真实的自己，包装成甚至变成了别人喜欢的样子，在沟通的时候，通过吹嘘自己的经历来获得已经成功的满足感。

何靖一直在公司中表现得默默无闻，很少与身边的同事打交道，但和自己的朋友相处时，说起话来却底气十足。在一次聚会中，他向朋友诉说自己的"烦恼"："前段时间，我打算辞职了，公司经理一直挽留我。如果不是工资还比较令人满意，我早就辞职了。"朋友顺势接过话头问道："那你现在工资多少啊？至于这么拼命吗？"何靖回答说："还行吧，好像是我们部门里最高的，年薪40万元左右吧。"但实际上，对于他的职位和工作来说，年薪40万元几乎是一件不可能的事情。

心理学上有一种补偿心理，是指当一个人的实际情况与社会普遍认知出现偏差时，就会通过某种方式进行弥补。吹嘘自己能够在一定程度上弥补心理落差，在心理上达到理想中的境界，同时也能够提高自我形象，获得他人的关注。就像一位业务员总是声称自己手中有多少客户，领导如何器重自己；一个缺乏情感经历的人，不断吹嘘自己曾交往过多少对象，以证明自己的情商高一样。

吹嘘自己的经历能够提高个体的自信，降低个体内心的恐惧和焦虑。阿德勒在《自卑与超越》中表示："傲慢和自大，往往都源于内心的自卑。"当我们在比我们差的人面前吹嘘时，就能够彰显自己的优秀；在不熟悉的人面前吹嘘，对方对其真实性也无从考证，这使得我们能够从对方的羡慕中获得满足感和荣誉感。

一个人如果习惯性吹嘘自己，会逐渐丧失真实的自我，沉醉于虚假的自我形象，从而忽视现实问题的解决。虽然吹嘘能够获得他人暂时虚假的尊重，但一旦被人揭露，自我吹嘘者就会在他人面前丧失威信。而且，盲目地自我吹嘘甚至有时候还会为自己带来意想不到的麻烦。

东汉光武帝时期，江陵县突发大火。县令刘昆听闻之后，立刻赶往现场，眼看火势已经无法控制，他跪伏在地上，不停地磕头，突然天降大雨，很快就浇灭了大火。后来，他升任弘农太守，弘农郡中有老虎出没，经常伤人。刘昆在任期间，广施德政，教化百姓，老虎再也没有出现过。光武帝听说之后，询问他的治理政策，刘昆回答说："只是偶然发生的。发生大火的时候，天气阴沉且迟迟未曾下雨；弘农郡的老虎由于百姓过度垦荒，导致适合生存的地方减少，它们才会选择逃走的。"

刘昆回家后被弟弟埋怨："你为什么不在皇帝面前吹嘘一下自己呢？"刘昆解释说："如果有一天皇帝令我用此法去灭火和驱虎，我该如何应对呢？"

无论我们的经历多彩或者灰暗，我们都不必念念不忘，更不应该以此去烦扰他人。学会自我纠正与认可，懂得待人以宽厚，才是真正的成熟。

马云在演讲的过程中，被一位留学生提问，对方在中文中掺杂了大量的英文。马云在回答问题时说："海龟一定要淡水养殖，土鳖一定要在海里放一放，只有杂交混养，未来才有机会，千万不要觉得，我'海归'回来，就把西方的世界都懂了。"一句话，令场下的观众捧腹大笑，笑的是马云的幽默，也是留学生的不尊重。

真正优秀的人，不去吹嘘自己，也会有人去崇拜他，不管他人对自己做出什么样的评价，对自己都有一个清晰的认识。

热衷于吹嘘自己，不过是在自欺欺人的过程中自我满足，但在他人的眼中你可能只是一个不合格的演员。

我们要明白，吹嘘出来的能力不是真正的能力，如果你选择活在幻想中的世界里，那么你永远也无法到达彼岸。

6
不怕拒绝，只怕没得拒绝——拒绝的虚荣

有人曾说："最高级的炫耀，是你这一生拒绝过什么。"一位知名导演曾讲述过自己的经历，一名当红的女明星曾疯狂地追求过他，在他家门口痴痴等候他回家。然而，他却拒绝了她，但这段往事并没有因他的拒绝而烟消云散，反而因对方当红女星的身份而成为他在日常交往中的谈资。

很多女生经常炫耀自己曾拒绝了多少位追求者，在很多场合说"我如果和所有向我表白的人在一起的话，那我就有十几位男朋友了""今天又有一个人向我表白了，你猜猜看他是谁？"等诸如此类的话。她们以对追求者的拒绝来作为自身魅力的体现，而且被拒绝的对象一般为医生、律师、富商、富二代、作家、导演等具有令人艳羡的职业或收入的人。当然，她们也许曾拒绝过其他身份的追求者，但她们并不会将其作为炫耀的资本，只有具有一定实力的追求者，比如具有学识、财富、名气等身份价值的人，才会成为她们口中的谈资。

这种炫耀的资本不限于对方的性别，也不限于爱慕程度，只在于被拒绝者的身份和地位。当被拒绝者的条件越高，那

么拒绝他们的行为才能越使自己显得足够风光。这就是一种拒绝的虚荣，就像作家张小娴曾说的："我们不怕拒绝，只怕没得拒绝。"

虚荣心理可以看作一种扭曲的自尊心。每个人都存在被尊重的需求，体现在成就、力量、地位和名声等方面，当一个人的现实状况无法满足自身被尊重的需求时，就可能通过不适当的手段来获得满足，而这种对自尊心的满足就是一种虚荣。

拒绝追求或请求能够提高的一个人的价值和被关注度，是以被拒绝者既有的身份地位作为先决条件。当追求者或请求者的身份能够获得大众的认可时，拒绝者的身份也会随之提高。因为"门当户对"是一种深入人心的观念，拒绝在无形中给所有人一种暗示，拒绝者身上存在令对方需求的因素，或权利，或才情，以至于使拒绝者的形象在人们心中随之水涨船高，极大地满足了拒绝者对尊重的需求。

而这种假借他人而成全自己的行为所带来的精神愉悦感，很大程度上催生了虚荣心理。但是，为了满足自己的虚荣心理，而肆意炫耀拒绝他人的经历，是一种情商低的表现，往往会给当事人带来伤害，甚至招致周围人的厌恶。

虽然一个人的自尊心受外界舆论的影响，但我们不能将其视为确认自身价值的唯一条件。来自外界资源的加持，往往并不能使我们的形象得以长久，学会正视自己的价值，才不会被外界的评价所左右。所以，我们要正确看待他人的追求和请求，也要正确看待拒绝这件事。

1. 面对追求

虽然追求者多是一个人自身魅力的体现，但当我们面对追求时，还是要保持理性，正确对待。每个人都有自己的生活，并不是所有人都应该去爱我们，我们一定要知道，能够得到对方的追求是一件值得感恩的事情，它并不是我们炫耀的资本。我们不能随意看待这份追求，它应该被好好珍惜，接受对方收获爱情，拒绝对方收获友情。

被他人追求只是一种人生经历，是对方对我们的一种认可。如果我们都无法认可自己，那么炫耀被他人认可又有何意义呢？

电视剧《生活大爆炸》中，艾米的条件一般，很少有人主动追求她，在酒吧里也不会出现为了搭讪而请她喝饮料的情况。但有一次，她在酒吧遇到了一个喜欢自己的人，有了第一次被搭讪的经历，她的内心激动且兴奋，但离开酒吧之后，她的内心又恢复了平静，忘记了这件事。并不是因为她不在意被人追求，而是因为她觉得自己不应该只凭借相貌来确认自己的价值，也不需要用被人追求这件事来自我满足。

2. 面对请求

他人向我们请求帮助，是对我们能力的一种认可，更是对我们的一种信任。面对请求时，我们应该抛开拒绝对自身价值体现的表象，而真正理解请求所带来的意义。相互帮助是人与人之间最有效的羁绊，在此过程中会加深彼此之间的关系。如果对方的请求在我们力所能及的范围内，我们可以尽力去帮助别人，如果无法满足对方的请求，我们可以果断告知对方自己的决定，避免让对方对我们心存希望。拒绝是一种坦然，而盲目拒绝会成为彼此之间的一种隔阂与疏远。

无论追求还是请求，都是彼此之间的一种感情。对每个人来说，感情都是美好的，是两颗心互相靠近，感受对方深沉的爱。如果将追求和请求当作一种炫耀的资本，那么这种炫耀最终会破坏掉这份深爱的美好。

7

处处显摆自己的学问——知识的虚荣

一个人的才华与智慧是其优秀的凭证，但一个人刻意摆出一副高姿态炫耀自己的才华，往往是由于内心缺乏底气，担心被他人轻视，渴望通过频繁的展示来提升自己在他人心中的地位，满足自己的虚荣心。然而，炫耀才华，一般带有贬低周围人的意味，给人一种自己才华横溢，其他人都是庸才的深意，这种行为不仅无法收获他人的好感，反而会遭人厌恶，令人敬而远之。

《三国演义》中，曹操修建了一所花园，在巡视时并没有发表自己的意见，只是命人取了一支笔，在门框上写了一个"活"字就走了。众人不得其解，主簿杨修马上下令将花园大门拆除，解释说："门中添'活'字，就是'阔'字，丞相是嫌你们把花园的门修得太宽了。"众人听闻，纷纷称赞杨修的学识。

有一次，西凉向曹操进贡了一盒酥，曹操在盒子上写上"一合酥"三个字后将其放在了书案上。杨修看见之后，召集所有的佣人将酥分食了。曹操见到后问其原因，杨修回答说："盒子上写着'一人一口酥'，我们岂敢违背丞相的命令呢？"曹操表面称赞了杨修，内心却对他十分厌恶。

曹操与刘备会猎汉中之时，因战事胶着，曹操心中犹豫不决，正巧夏侯惇入帐询问巡夜口令，曹操看着碗里的鸡汤，随口回答说："鸡肋。"口令下达至各营后，杨修便命令随行的士兵收拾行装，准备撤退。众人不解，杨修解释道："鸡肋者，食之无味，弃之可惜。如今丞相进军不能取胜，退军让人耻笑，待在这里也没有什么益处，不如早日班师。因此提前收拾行装，免得临走的时候慌乱。"众人听闻纷纷准备撤退。曹操得知此事，将杨修以蛊惑军心的罪名斩首示众。

《菜根谭》中说："利欲未尽害心，意见乃害心之蟊贼；声色未必障道，聪明乃障道之藩屏。"意思是，名利和欲望未必会伤害我们的本性，自以为是的偏见才是残害内心的毒虫；淫乐美色未必会妨碍人对真理的追求，自作聪明才是修悟道德的最大障碍。但生活中，很少有人拥有这种自知之明，反而乐意向他人展示、炫耀自己的学问和才华，获得优越感。比如总是向他人解释一些冷门的知识、在交谈过程中夹杂外语等。每个人都存在嫉妒心，没有人乐意忍受他人的耀武扬威。当你处处炫耀自己的学问时，无形中触碰到了他人的自尊和内心最柔软的地方，长此以往，你就会成为对方的眼中钉。

"初唐四杰"之一的王勃在滕王阁的宴会中，以《滕王阁序》

拿下了魁首，流芳百世。但这场宴会本是阎都督为了夸耀女婿孟学士所举办的，却被王勃抢了风头。这种恃才傲物的态度也使得王勃生平坎坷。

《道德经》中说："希言自然。故飘风不终朝，骤雨不终日。孰为此者？天地，天地尚不能久，而况于人乎？"意思是一切都要随其自然，天地所造就的狂风暴雨都无法持久，何况是人呢？所以，处处炫耀自己的才华和学问是一件十分愚蠢的行为，从你炫耀的这一刻开始，你的学问和优秀不仅成为负担，还会成为交恶彼此关系的根源。

英国小说家威廉·萨默赛特·毛姆在《月亮与六便士》中写道："你要克服的是虚荣心，是炫耀欲，你要对付的是你时刻想要冲出来出风头的小聪明。"所以，我们要正确看待自己的学问与才华。

1. 学会低调

胸中自有青山在，何必随人看桃花。一个人是否优秀不在于自身才华的显露，而在于其遭遇困境时，是否拥有化腐朽为神奇的能力，是否拥有令自己强大起来的基础和资本。

英国的女作家J.K.罗琳在以《哈利·波特》系列小说成名之后，丢弃了"罗琳"这块金字招牌，以另一个笔名继续创作了侦探小说《布谷鸟的呼唤》。她从零开始，放弃了盛名之下的机遇。罗琳说："我就是想告诉读者，改变困境不需要魔法，只要我们发挥出自己内在的力量，而非外在的虚华。"

低调意味着极强的控制力，让我们不被名利所禁锢，谨言慎行，才能真正掌握自己，掌控生活。

2. 学以致用

孔子云："君子不器。"学问不能只拘泥于展示与炫耀，当应用在实处，不然一个人对某项事物再高屋建瓴，也不过是纸上谈兵。能够为我们解决实际问题才是真正的学问和能力。

一个人真正的智慧，是让自身所闻所学成为人生中的助力，并非只是一种炫耀的资本。谦逊低调，厚积薄发才能让我们的学问和才华成为人生的加分项。

8

虚拟出身撑面子——贫穷的虚荣

意大利小说家乔万尼·维尔加说："高贵的出身是一种凑巧的事情，并不是一种德行。白手起家才算是真本事。"但很多人依然十分在意自己的出身，年少时被鄙夷的经历、青春期被异性疏远的体验等，都在不断刺激着他们脆弱的神经。

电视剧《猎场》中，郑秋冬为了赚钱，不惜剑走偏锋进入传销组织，后因组织传销罪入狱。出狱后的郑秋冬因周围人的歧视感到十分痛苦，为了消除坐牢的污点，他决定用另一个人的身份重新开始生活。

他去覃飞的老家打听消息，为自己假扮覃飞做好了充足的准备。优秀的履历让他成功进入了一家顶尖的商务集团，成为公司的薪酬总监。在任职期间，他的工作能力得到了领导的认可，但行为中却透露着古怪，他似乎对身份的公开和审核极为敏感。然而，世上没有不透风的墙，覃飞的假身份最终败露，集团董事长对他的行为感到可耻，将他扫地出门，并将他的名字拉进了人力资源领域的黑名单。

在心理咨询中，很多来访者内心的痛苦都源自过分在意自己的出身、家庭状况。家庭条件的窘迫、单亲家庭的恐惧、父母见识鄙陋等，都是他们为之羞耻的地方。他们对在社交中介绍家庭及出身极为敏感，总是担心对方因出身而轻视自己，甚至拒绝与自己交往。为了避免这种情况的出现，一部分人会选择虚构自己的出身，如将父亲塑造成某地区的政府领导，母亲是民营企业家，以缓解内心的焦虑与恐惧。

心理学家阿德勒认为，任何事情从客观角度分析都无法界定其好坏，因为这些事情对我们产生的影响，完全取决于自己对它们的主观判断。简单来说，就是我们内心的观念决定了我们眼中的事物。当我们因自己的出身而感到烦恼，因出生在农村而感到自卑，其核心并不在于"出生在农村"的客观事实，而在于我们对这个事实做出的价值判断。当我们认为"出生在农村"阻碍了我们的成长发展，就会抗拒甚至否认这个客观事实。比如"出生在农村"就意味着挥散不去的乡土气、寡陋的见识、粗鄙的谈吐。

为了避免遭受他人异样的眼光，消除内心的自卑情绪，虚拟一个身份是一个最好的办法。通过欺骗的方式，改变他人对自己的认识，同时对自己的认知进行引导，能极大地满足一个人的虚荣心。

你会因10元钱出现皱褶而不要吗？你会因10元钱变成红

色而视为 100 元钱吗？显然是不会的，人民币的价值永远不会因外表的抹黑或渲染而改变，人也是如此。过分在意自己的出身，很大程度上会将这种主观价值判断当作一个逃避现实的借口，比如，因为"出生在农村"，才没有机会成功，才没有人喜欢我。我们会心安理得地接受自己不够出色的事实，放弃做出任何的改变。命运的牌已经分发完毕，你可以感叹自己的运气不好，却不能轻易将其视为烂牌，进而成为你放弃锻炼牌技的借口。

草根明星王宝强从不为自己的出身而自卑，在出演《天下无贼》后，为了感谢提携自己的导演，他表示："我老家种的小米特别养胃，拍完戏我回家给你种上一亩地的小米。"甚至在成名之后，王宝强在每年秋收时节都会返乡干农活。

威尔菲德·尼尔斯在《真相，治疗心灵的妙方》中说道："我们所有的规划与行为模式，都过于视而不见，而不是真的看见，太过防御而不是接受，试图改写生命而不是拥抱生命本来的样子……接受自己和生命，始于接受父母。尝试否认、压制、忽略作为儿女的事实来拒绝父母，都会禁锢生命的重要部分，贬低自己和自己的存在。"所以，我们需要正确看待自己的出身，告别自卑和虚荣心理。

1. 认清现实

我们要明白，一个人的出身，无论贫穷或富有，社会地位是高是低，都是与生俱来的条件，也是我们无法更改的事实。其实，物质上的差距并不可怕，不过是拥有的资源不同罢了，最可怕的是，我们无法跳出用出身、物质等条件来判断自己、判断别人的思维模式。一旦我们被自卑所困扰,被虚荣所迷惑,就会丧失对自我的思考,长期困于这种状态,难以改变。

我们要理智地思考和判断,既然无力改变出身,何必庸人自扰,不妨找到解决问题的手段和方法,不断提高自己的能力。

2. 接纳现实

对于出身的自卑,在于眼界开阔之后,我们自认为缺乏某些事物体验的经历会令自己低人一等,从而不敢展示自己。但是,一个人的价值并不会因外界因素而有所降低,我们有的时候需要卸下自己的思想包袱,接纳既定的现实。自己拥有的少,另一方面也意味着大多数尝试对我们来说都没有什么损失,也许我们在解决问题的方法与手段上有所匮乏,却不影响我们用自己的方式去实现自己。

3. 化虚荣为动力

俗话说:"穷人家的孩子早当家。"如果我们的家庭状况并不是特别乐观,我们可以将想象中的美好化作前进的动力,在不断努力的过程中,锻炼自己判断形势和解决问题的能力,在同一环境中拥有不同的视角和思维。

一名北大学子曾发表了一篇名为《感谢贫穷》的文章,引起了争论。"贫穷"会给一个人坚强的意志、奋斗的勇气,让我们在执着与顽强中不断前进。这也许才是贫穷的价值所在。

有人说,生命中有一门功课叫"接纳"。接纳自己的出身、接纳自己的父母、接纳事实本来的样子,我们会获得解脱。接纳,是一切变好的开始。

9
为了获得表扬去做事——赞美的虚荣

荣誉和名声是他人对自己付出的肯定。不可否认，有些人行善只是秉承一颗善良的心，在帮助别人的过程中，使自己的爱心得到满足，但也有一些人是为了获得他人的肯定和赞美才会主动去做一些事情。

一名学生捡到了一本书，他通过书籍上的签名获得失主的名称和班级信息。在来到对方所在的班级之后，他并没有将书直接交还给遗失书籍的学生，而是委托在走廊上值班的老师，将书带给对方。他不仅获得了失主的感谢，还得到了老师的表扬。

在现实中，行善已经成为一种博人眼球的营销方式。一些人在为灾区捐募善款时，总会在某些公开场合举着广告牌大小的支票供媒体拍照，用作宣传和塑造人设。甚至一些企业家已经将慈善当成"媒体秀"，他们暴露在电视台的摄像头下，将一张张人民币缓慢地投入捐款箱，摆足了姿势。

每个人内心深处都渴望得到他人的肯定和尊重，而赞美恰恰能够令我们的这种需要得到满足，但以获得称赞为目的去做事，是一种舍本逐末的行为，会让我们逐渐失去人生的方向。

过度追求赞美是因为我们缺乏自我意识，需要通过他人的肯定来确认自我价值。这种错误认知的形成大多数源自一个人的童年经历。心理学家皮亚杰认为，儿童一般以自我为中心，往往需要依靠外界和内在的评价来构建自我价值感。在发育初期，家庭包揽了大部分的外界评价的功能，父母是否能够做出正确的引导，是影响孩子自我价值感构建的重要因素。一些父母为了激励孩子，为自己的关注与赞美设定条件，比如当孩子在期末考试取得优异的成绩时，父母才会称赞、奖励他。这种行为看似是在鞭策孩子努力学习，但很容易导致他们陷入一种认知误区，将努力学习看作获得赞美的渠道，而忽略其对自身成长的意义，久而久之，就会被这种规则所束缚。

当他们无法达到父母的要求时，他们自然而然就会认为"我考砸了，父母不爱我了"。因为无法得到父母的认同，他们会格外在意父母对自己的评价，甚至单纯为了赞美而努力学习。成年之后，这种思维方式依然会影响他们的行为，导致为了获得赞美而去做某些事情。而对赞美的追求会逐渐使他们享受这种愉悦感和满足感，变得虚荣。

有人说："世界上最美好的声音就是赞美，最好的礼物也是赞美。"不可否认，赞美能够为人带来愉悦，是我们自信和动力的源泉，但对赞美的盲目追求，会让我们忽视所完成目标的本质，因小失大。所以，我们需要正确看待外界的赞美和做事的动机。

赞美的本质

赞美，解释为"发自内心地对于自身所支持的事物表示肯定的一种表达"，是外界对我们自身以及所做事情的认可。其本质在于某些事情对个人或社会带来的积极影响，是我们自我价值的一种体现。而追求赞美就是对自我价值感的缺失被赞美的渴望放大，为了满足这种渴望而去做事。就像曾经举办的国际奢侈品展览，许多富豪趋之若鹜，将获得一件奢侈品作为展现自身财富的依据；为了显示自己的才学，一些人在房间里放满许多精装书籍，却从未看过等。然而，这种行为并不能真正为自己带来价值，装满房间的书籍也无法掩饰一个人内心学识的鄙陋。

做一件事情的本质

以减肥为例，对大多数人而言，减肥是一件痛苦的事情，我们总是会想人生短暂，为什么要如此虐待自己，瘦下来只不过是在别人眼中改变了，获得别人几句不痛不痒的夸奖吗？爱真实的自己才是最好的。这是很多人在减肥过程中半途而废的借口。

然而，我们要知道减肥是为了让自己的身体更加健康，是一种对自身魅力的提升，而并非只是发到朋友圈中获取点赞的噱头。

我们要知道，我们所做的每一件事的本质意义在于自身能力的提升，赞美只不过是锦上添花的东西罢了。就像杨绛先生在《一百岁感言》中所写的："我们曾如此盼望外界的认可，到最后才知道：世界是自己的，与他人毫无关系。"

10

趣味心理测试：你是否是"低自尊者"？

测试题目：

1. 你是否能够坦然接受来自外界的批评？

可以接受——2

无法接受——4

根据情况进行选择——3

2. 一旦遭遇令你烦恼的事情，你是否会马上向另一半倾诉？

是——4

否——3

根据情况进行选择——6

3. 你认为自己是一个风趣幽默的人吗？

是——4

否——7

一般——5

4. 在开车的时候，你是否会出现"路怒"的情况？

经常出现——6

从来不会——7

根据情况进行选择——8

5. 当与别人发生冲突后，你是否会牢记在心，找机会报复？

是——7

否——8

根据情况进行选择——6

6. 在学生时代，你是否经常出现因上课讲话被老师批评的情况？

经常出现——9

从来不会——7

偶尔出现——10

7. 你是否有写日记或记录日常支出的习惯？

是——8

否——10

偶尔——9

8. 你是一个好强且看重面子的人吗？

是——C

否——10

一般——9

9. 你是否能够接受好朋友用自己的秘密换取你的秘密？

可以接受——A

无法接受——D

根据情况进行选择——10

10. 无论遭遇什么样的困境，你都是一个"报喜不报忧"的人吗？

是，一个人咬牙硬扛——B

否，无论什么事情，都会告诉家人——A

根据情况进行选择——C

测试结果：

A. 你不是一个低自尊的人

你是一个开朗自信的人，从不会掩饰自己的情绪，无论什么样的情绪都会表现出来。你拥有很强的自尊心，爱惜羽毛，即使面对最亲近的人也不愿分享有损自己颜面的事情。你对自己有一个清醒的认识，明白自己的优势与劣势，不轻易否定自己，也不会轻易否定他人，当你犹豫不决的时候，也会耐心听取他人的意见。清晰的自我认知和自信赋予了你强大的勇气，在面对人生的未知时毫无畏惧。

B. 你偶尔会出现低自尊

你是人们眼中活泼开朗的人，生活带来的浮躁与烦恼并不能影响你乐观的心态。有时候，你也会出现忧虑的情绪，但你有足够的能力去处理所面临的麻烦。你偶尔会出现一点儿低自尊，尤其是在面对自己最亲近的人时，你会卸下自己的伪装，将自己的沮丧表达出来，甚至会否定自己。但这种否定并不会持续很长时间，倾诉过后，你依然是所有人眼中那个积极乐观的人。

C. 你经常会出现低自尊

你是一个容易紧张的人，因为对自己缺乏信心，在面对关乎自己的问题时，你会犹豫不决，希望他人为自己做决定，习惯性从他人身上找答案。对你来说，在未知的情况下面临选择是一件十分痛苦的事，因为无法接受选择错误而导致的失败，从而丧失独立思考的能力。而这种心理是对自我的一

种否定，也是对个人发展的一种限制。

D. 你是一个典型的低自尊者

你是一个缺乏价值观的人，无论面对什么样的问题总是会否定自己，即使很简单的问题，你也会表现得患得患失。你长期沉浸在负面情绪中，总是幻想自己处于一种无助的状态，被世界所抛弃，被所有人厌恶。而实际上，否定你的人只有你自己，你无法正确看待自己拥有的美好，总是怀疑自己，在生活中处处透露着自卑。希望你能够重新认识自己，变得坚强且成熟，直面自己的人生。

第三章　虚荣背后的心理动机

1
从众心理：别人有的我也不能少

　　每个人都是生活在群体中的个体，具有鲜明的个性标志，但很多时候，为了追求一致性，避免与其他人出现较大的差异，我们又不得不选择融入群体。而这种行为的产生，就是源自从众心理。

　　从众心理，是指一个人在群体的影响下，放弃或违背自己的原始意愿，使自己的言行与群体保持一致的现象。也就是我们常说的"随大流"。美国幽默作家詹姆斯·瑟伯有一段十分传神的描述："在熙熙攘攘的大街上，一个年轻人突然跑了起来，也许他突然想起了与爱人的约会，而自己即将迟到了。于是，他快速向东面跑去。而另一个人也跟着跑了起来，可能是一个报童，手中握着令人震惊的消息。然后，又有一个人跑了起来，可能是出了什么急事……10分钟之后，大街上所有的人都跑了起来，声音变得格外嘈杂，隐约能够听清'大堤'之类的词。于是，'决堤了'的消息迅速传遍整个街道，没有人清楚是谁喊出的消息，也没有人知道是否发生了这种事。但是，所有人都开始奔逃起来，向东边跑去。"而这恰恰就是从众心理的真实写照。

　　心理学家阿希曾经针对这一现象进行了一项经典的实验。

他准备了两种卡片，其中一种上面绘有一条被标注为 X 的线，另一种上面绘有分别标注为 A、B、C 的三条直线。这三条线中的一条与 X 线长度一致。随后，他将参与实验的大学生分为 7 个人一组，其中只有一个人是真正的被测试者，其他人只是实验的合作者。

参与实验的大学生被要求分辨两种卡片中，哪两条线长度相同，而被测试者每次都是最后一个做出回答。前两次实验，7 个人的回答都是一致的，之后的实验，6 名合作者被暗中要求故意选择错误，而通过观察被测试者的反应来验证从众心理。

结果显示，从众行为发生的次数占据了实验总次数的 75%。在对被测试者进行访谈之后，阿希表示，一般来说，从众行为的产生是因为个体在群体中受到了信息和规范上的压力。可以解释为：通过他人的行为否定自身的判断或避免与众不同，遭到孤立。

从心理学角度分析，一个人存在对安全感的需求，并且具有天生的惰性。这就意味着，我们需要通过对群体的依赖，来降低风险，让自己处于一种安全的境地。因为，群体能够提供我们所期待的信息。

比如一名男子到一个陌生的地方旅游，却发现洗手间并没有明确的男女标识，他就会在门口徘徊。而如果此时，一个男人突然从里面走了出来，他就会放心地进入洗手间。

但是，从众心理在一定程度上会促使虚荣心的产生。心理学家古斯塔夫·勒庞指出，群体中的每一种情感和行为都极具感染性。他在《乌合之众》中提出了群体无意识的观点，表示人们在群体中做出的判断，基本上由情感、本能、欲望等因素决定，而理性因素起到的作用微乎其微。

于是，这就导致出现了"只要别人有的，我也不能少"的观点。在一个教育节目中有这样一个案例，讲述了一名16岁女生对父亲的控诉。女生的家庭情况并不富裕，父亲只是一名普普通通的保安。她告诉主持人，自己因为向父亲要钱而挨打。而女生需要钱的目的有很多，比如买一些新潮的衣服、请同学吃饭等。她还要求父亲为自己买一部苹果手机，并毫不遮掩地说："同学有的东西，我也要有。"买手机的理由是担心受到同学们的嘲笑，并扬言说："我就想让同学知道，就算我爸爸是一名保安，他也同样能够供我上很好的大学，给我买很好的东西。"

在现实的大环境中，很多人都会因为虚荣而做出这种从众行为。但是，我们无法否认人与人之间，无论在能力上还是实力上，一定会存在差距。如果不慎重考虑自身情况就盲目从众，很可能使自己的处境更加糟糕。别人也许家庭富裕，为自己买一件价格昂贵的商品，并不会影响其正常的生活水平，而你却需要依靠信用卡等借贷工具，勒紧裤腰带过日子，这种消费方式很可能令自己陷入恶性循环。况且，适合他人的东西未必适合自己。比如一个朋友买了一支名牌口红，你也马上入手一支。然而，口红的颜色却并不适合你。

从众心理本身并不具有危害性，但是，它会因为大众的错误判断或个体对自身能力的错误估计，而导致不好的结果。所以，当我们出现从众心理时，我们需要站在旁观者角度审视自己，审视我们的欲望，思考我们对当下渴望的物品是否真正存在需求，从而培养独立思考、自主判断、明辨是非的能力，进而让我们意识到自己的独特和个性，遵从本心做事，获得自我认同感，在群体中保持自己独特的优势和创造力。

2
自卑心理：越是自卑的人越虚荣

在现实生活中，你永远不会知道自己在他人眼中是一个什么形象，即使你做得再好，也会有人指出你的缺点。因为每个人的生活环境、思维方式不同，导致看待问题的角度也有所不同。然而，有些人为了在所有人心中树立起一个良好的形象，会极力掩饰自身的不足，伪装成一个完美优秀的人。这种虚荣就是自卑心理在作祟，而且，越自卑的人越是虚荣。

在心理学上，自卑属于一种性格缺陷，表现为对自己的能力和品质评价过低，总感觉自己比不上他人，会给人带来消极的情感体验。自卑心理可以简单分为两种：一种是担心他人看见自己；另一种是担心他人看不见自己。前者是由于个体缺乏自信，并不断地否定自己，经常用自己的缺点和他人的优点做比较，导致在社交过程中没有主见，总是随波逐流。比如外出聚餐时，我们不愿点餐，百般推托，就是担心自己点的菜让其他人不满意。

而后者表现为对外界的信息极为敏感，渴望得到他人的关注与重视，担心被他人忽略。这种心理就是因为太过在意他人对自己的评价，而且任何的负面评价都会导致他们内心激烈的冲突，使个体感受不到自身价值。为了避免这种情况的发生，他们就希望通过某些快捷的方式获得他人的认可和尊重。比如在介绍自己的时候，以一大串头衔来提升自己的优越感。"我是一个来自教育世家的孩子，父母都是大学教授，丈夫是一名公务员，我现在是一家企业的高管，不过近几年我打算自己开一家公司……"

自卑心理也可以看作对现状的不满足以及对更高目标的追求，是一个人趋向优秀的动力。然而，当一个人的欲望越强烈时，就越难以感到满足，从而更加执着，也就越加痛苦。

何晓楠和丈夫都是普通家庭出身。结婚之后，两个人将重心放在工作上，聚少离多，所幸经过多年的打拼，生活逐渐有了起色。儿子在学校的成绩不佳，但性格与志向还是很好的。于是，她不顾丈夫和家人的反对，坚持将儿子送往国外的名牌学校。这就意味着夫妻二人需要承担一年几十万元的高昂学费和生活成本，生活开始变得捉襟见肘。

不过，这件事却令何晓楠很受用，经常有人称赞他们夫妻两个有远见，早早将孩子送往国外。但是，个中滋味唯有自知。然而，生活的艰苦并没有让她放弃对品质生活的追求，依然在网上购买昂贵的化妆品和护肤品，她经常向同事展示自己美好的家庭，来收获他们的羡慕与嫉妒，提升自己的优越感。直到丈夫的父亲突发重病，这成为了压垮这个早已不堪重负的家庭的最后一根稻草。

两个人最终以离婚收场，何晓楠认为自己拼命工作来提高家庭的生活质量，而那个不知足的男人竟然选择了离婚。于是，当身边的朋友询问起缘由时，她反而会将导致婚姻破裂的原因推到前夫身上。

越是自卑的人，就越希望能够在别人面前呈现出自己完美的一面，他们惧怕任何对自己不利的负面评价。于是，在每个人面前都表现得小心翼翼，面对比自己优秀的人，他们将自己伪装成一个成功的人，来满足自己的虚荣心；面对陌生人，他们会尽力鼓吹自己的优秀，彰显自己的优越感。他们的所作所为就是在试图以一张又一张的面具，来塑造一个完美的自己。然而，在大多数人眼中，这种刻意表现出的光鲜华丽，不过是一种浮夸与虚荣。就像是 10 个瓶子只有 8 个盖子，你为了掩饰这种缺憾而不断调换瓶子，疲于奔命，试图证明这 10 个瓶子的完美，而在他人眼中，这不过是一件无益且可笑的事情。

韩剧《请回答 1988》中有一段经典的表述："人真正变强大，不是因为守护着自尊心，而是在抛开自尊心的时候。"任何试图用这些外表的假象来努力填补内心自卑的缺陷的行为，都是徒劳无功的。我们要学会接纳内心的负面自我，虽然现实与理想的差距会让我们感到难过、焦虑，但这种体验会让我们拥有更强大的动力去追求美好。逃避和自欺欺人永远不会帮助我们逃离自卑的苦海。一旦我们通过努力超越他人，我们就能感觉到真实的优越感，从而更加努力地去提升自己，而不是终日活在虚荣的假象中，碌碌无为。

心理学家阿德勒曾说："一切人类文明都是基于自卑感而发展起来的。"生活的苦难并不足以使人自卑，一个人的退缩与逃避，不过是作茧自缚罢了。所以，请挣脱自己身上的束缚，破茧成蝶，仔细看一看这个美好的世界，告诉自己，人生中还有很多比自卑更重要的事情等自己去做。

3
补偿心理：越是缺什么就越炫耀什么

如今，随着网络技术的飞速发展，社交微信朋友圈成为人们分享生活与感悟的最好平台。我们经常在朋友圈中看到一些人通过晒美食、晒聚会、晒旅游等方式，向所有人展示自己的生活状态。然而，很多时候，他们的炫耀不过是为了满足自己的虚荣心。而一个人越是炫耀什么，内心就越是缺少什么。

从心理学角度来看，每个人都有自我补偿和降低焦虑的需要。而补偿心理恰恰是一种能够维持个体心理平衡的机制。补偿心理的产生是由于个体的生理或其他方面造成了心理上的痛苦，从而对自身进行补偿。这种"补偿"指的是当个体因主观或客观原因导致心理失衡时，试图通过某种表现来缓解或消除内心的不安情绪，恢复心理平衡的一种内在活动。理想与现实之间的差距总是无可避免的，人们心中的失落感也正由此产生，但在这种状态下，补偿心理能起到至关重要的作用，它往往能够给予人们勇气，帮助人们打破内心的桎梏。比如如果我们不屈服于困境，不甘心于现状，就会在补偿心理的作用下，变得顽强，努力地改变，获得补偿。

然而，如果我们过于贪恋"补偿"带来的优越感，就很可能变得越来越虚荣。我们会跳过努力的过程，直接向他人展示自己虚假的成功，用以维持内心的平衡和虚荣，收获他人的认可和羡慕。久而久之，我们就总是将自己暴露在聚光灯下，展示虚构的自我，享受幻想中的优秀。很多人习惯性将各种奢侈品挂在嘴上，就像一些女孩往往在见到别人的口红时，会表示自己有多少支口红，分别是什么牌子，而且将每个品牌的口红的优劣分析得头头是道，然而，你却从未见到她涂过这些口红。

真正有智慧的人往往在大众面前表现得谦逊且低调，只有那些愚蠢的人才会四处显露自己的"聪明才智"。一个积极行善的人，从来不会将自己捐了多少钱、对社会做了多少贡献挂在嘴边，反而是虚荣的人才会肆意宣扬自己如何行善、如何救困扶危。就像作家亦舒所说："真正有气质的淑女，从不会炫耀她所拥有的一切，她不会告诉别人她读过什么书，去过什么地方，有多少件衣服。"

一个人之所以炫耀，恰恰是因为担心自身的不足被他人发现，于是，他们才会想尽办法在外在的形式上吹嘘和炫耀自己，试图给他人一种错觉。然而，这种方式本质上是一种自欺欺人的行为，他们不过是想要通过炫耀来掩饰自身的缺陷和不足罢了。就如同刺猬一样，一旦遭遇危险，它就会蜷缩成一团，将身上的刺冲着敌人。在表面上看是一种极具威慑性的行为，而实际上，它越是疯狂地表现进攻的欲望，越是在极力掩饰内心的恐惧和无力。

《人性的弱点》中有一个经典案例：一名女士的婚姻生活充满了不幸，她的丈夫长期在外面拈花惹草。她一直希望两个人能拥有一个孩子，但事实却令人感到遗憾。身边的女性朋友都被幸福包围着，有关心爱护自己的丈夫，也有体贴懂事的孩子。为了平衡自己的心理，以免遭受他人的嘲笑，她经常吹嘘自己生活很幸福，虽然自己的婚姻最终以离婚收场，但在很长一段时间里，某位绅士一直在追求自己。在对方强烈的攻势下，她选择和绅士结了婚，并且有了一个属于自己的孩子……然而，不久之后，这名女士在疯狂的自我吹嘘中发了疯。

美国哲学家杜威表示："人类本性中最深刻的驱动力就是希望受到重视，一旦此需要受到挫折，便会造成精神上的一些失常，从而会在自己所编造的幻境中，找到在真实世界中无法获得的自重感。"确实，这种虚假的吹嘘和炫耀能够短暂维持我们的心理平衡，缓解焦虑情绪。然而，我们将自己所缺乏的东西以一种不合理的方式呈现出来，很容易让对方产生一种错觉，从而做出一些不明智的判断。一旦对方获知了真正的情况后，就会对这种虚假感到厌恶，最终选择敬而远之。对他人而言，不过是揭穿了一个谎言，而对你来说，就意味着失去了一个朋友。任何谎言都有被戳破的一天，我们吹嘘炫耀得越厉害，在被揭露之后就越会无地自容。

所以，我们要正确地认识自己，不要被形式主义和虚荣心影响自己正常的生活。完美只是存在于我们美好的憧憬中，现实中的每个人都有着各种各样的不足，无论是财富、地位，还是身体、智慧，我们不可能拥有自己所期望的一切。既然如此，倒不如理性地看待自己，接纳自己的缺陷和不足。

4
面子心理：打肿脸也要充胖子

鲁迅先生曾说："面子，是中国人的精神纲领，只要抓住这个，就像过去拔住了辫子一样，纲举目张，全身都跟着走动。"大多数人都把面子看得很重要，因为面子能够给人带来一种荣耀和心理的满足。比如有些人明明经济条件不太好，却总是装作很有钱的样子；一对貌合神离的夫妻，宁愿忍受婚姻之苦，也不愿丢掉面子去离婚，以免遭受他人异样的眼光。

法国作家莫泊桑在《项链》中讲述了这样一个故事：马蒂尔德是一位漂亮的女子，虽然社会地位不高，却迷恋奢华的贵族生活。为了参加一场盛大的宴会，她用丈夫辛苦攒下的400法郎买了一件礼服，又向自己的好友借了一条钻石项链。在宴会上，她出尽了风头，尽情享受周围人艳羡的目光，她的虚荣心得到了极大的满足。然而，回到家之后，她发现项链竟然不翼而飞了。为了保住自己的面子，她选择隐瞒这件事，并暗中赔偿好友。从此，夫妻两人过了10年节衣缩食的生活，直到有一天，她的好友知道了这件事，才告诉她那条项链只不过是廉价的人造钻石项链。就这样，马蒂尔德白白辛苦了十年。

面子，其实就是人们心中的一种社会地位的体现，是达到某种成就所获得的声望。而从心理学角度出发，这种过度在意外在形式的表现，是为了掩饰内心的自卑、恐惧等心理。一个看重面子的人，经常以财富的多寡来衡量一个人的价值和地位，竭力追求浮夸，用以避免暴露自身的不足。然而，当他们不顾自身的经济条件，打肿脸充胖子，来获得他人虚假的称赞与敬重时，就容易加重自己的经济负担。在一次阔气之后，可能需要付出几倍的努力才能偿还。比如一位好朋友过生日，其他人大多送了价值3000元左右的礼物。而你根本没有足够的能力去送一件如此昂贵的礼物，但是，为了避免遭受他人的轻视，维护自己的面子，你宁愿向他人开口借钱，也不愿送一个在自己承受能力之内的礼物。事实上，人与人之间的感情并不是通过礼物的贵重来衡量的，更多的时候，对方看重的是一份心意，而不是价值。

有一件曾经在微博上引发大量关注的事：一位60多岁的清洁工，居然是身家过亿的拆迁户，因为退休之后没有事情做，就想找一份工作。他认为环卫工人的工作就很好，能够帮助城市变得更加整洁干净。所以，一个人在面子上的表现并不能证明一个人的实力，更不能证明一个人的价值。

如果一个人总是将"穷"当作没面子的事，热衷于打肿脸充胖子，花钱大手大脚，时间一长，自身的生活负担就会加重，从而产生焦虑、烦躁等负面情绪。其实，我们的形象最终是需要他人来决定的，这也就意味着，即使我们在人际交往中费尽心机，一掷千金，可能也无法赢得对方的尊重。也许，某个人并不刻意追求面子，在交往过程中更加务实，反而会获得面子。

宋朝神宗年间，苏轼出任杭州通判。他在杭州做官的时候，经常外出游玩。有一次，他来到了一间寺庙，寺庙的方丈见到来者衣着朴素，心中不以为意，十分怠慢地说："坐。"然后吩咐小和尚说："茶。"

方丈与苏轼闲聊几句之后，发现此人谈吐不凡，一定是具有真才实学的人。为了表示对他的尊重，方丈将他请到厢房内，恭敬地说："请坐。"吩咐小和尚说："敬茶。"

两人相谈甚欢，深交之下，方丈才知道他正是大名鼎鼎的苏轼。方丈变得手足无措，连忙起身作揖说："请上座。"又对小和尚说："敬香茶。"

临别之时，方丈请求苏轼为寺庙题字，苏轼灵机一动，提笔写下了一副对联："坐，请坐，请上座""茶，敬茶，敬香茶"。方丈看后，羞愧不已。

从开始的轻视，到最后的敬重，苏轼以自己的才学收获了他人发自内心的尊重。我们要知道，实力才是衡量一个人价值的真正标准，赞美与认可并不能通过炫耀和做作获得。你有多大的实力，别人才会给你多少面子。就像网络上有段话所说的："当你放下面子赚钱的时候，说明你已经懂事了；当你用钱赚回面子的时候，说明你已经成功了；当你用面子可以赚钱的时候，说明你已经是人物了。"

若一个人总是凝视他人的内心，可以想象，他的内心早已荒芜。每个人的人生都有各自的价值和意义，很多人无法抛弃的面子不过是一块难以启齿的遮羞布。我们不必总是将他人的眼光和评价看得过于重要，只有不断努力，强大自身，才能让对方主动送上面子。就像电影《霸王别姬》中说的那样："人，得自个儿成全自个儿。"

5

攀比心理：就是见不得别人比自己好

攀比是生活中常见的现象，总有一些人在别人晋升之后，暗中嘲讽对方只会凭借关系上位，见到曾经与自己平起平坐的人，如今穿名牌、开豪车，语气和表情都变得不自然。其实，对于每个人而言，快乐与烦恼往往不是源自事情的本身，而是源于我们看待问题的态度。因为他人的得志，而愤恨自己的失意；因为他人的快乐，而放大自己的痛苦。正如诗人弥尔顿所说："意识本身可以把地狱造就成天堂，也能把天堂折腾成地狱。"

网上有这样一个故事：南美洲原始森林中有一种名为翠波鸟的鸟类，因颜色翠绿且带有一圈像波浪一样的灰色纹理而得名。翠波鸟热衷于筑巢，所以，它们整天忙忙碌碌，显得无精打采。它们的鸟巢让人印象最深的特点就是大，翠波鸟的体长不过5厘米，而它们的巢穴却要比自身大几倍，甚至十几倍。

莱奥托是一位动物爱好者，为了解开这个谜题，他捉来一只翠波鸟来观察它筑巢的过程。令人感到费解的是，这只鸟只建造了一个能够容下自己身体的鸟巢，就停止了筑巢。然而，当莱奥托将另一只翠波鸟放进笼子时，第一只翠波鸟见到对方筑巢之后，马上开始疯狂地扩建自己的鸟巢，导致两只鸟巢越来越大。最终，第一只鸟力竭而死，另一只鸟在它死后就停止了筑巢。

这种举动像极了人类社会的攀比行为，当对方在某方面优于自己时，个体会拼尽全力来超越对方。攀比在心理学上是一种趋向于消极的心理特征，解释为当一个人与自身参照出现偏差时，产生负面情绪的心理过程。一般来说，存在攀比心理的人往往与参照个体存在很大的相似性，从而导致自己获得对方同等认可的需求变得强烈，甚至出现极端的心理障碍和攀比行为。

攀比是一把双刃剑。适度的攀比能够令个体在感受双方存在的差距后，激发个人的潜力，通过不断的努力获得相同或超越对方的成就。但是，过度的攀比是一种不健康的心理，它会导致个体刻意在智力、能力、生活条件等方面和他人进行比较，并渴望超越对方。然而，一旦他们没有达到自己的预期，就很容易导致情绪障碍，变得牢骚满腹，并出现自己一无是处的错误认知。而且，盲目的攀比会让人在追求虚荣的过程中逐渐迷失自己，白白耗费掉珍贵的光阴，也对正常的工作和生活造成不利的影响。

西晋时期，有一位富豪名为石崇，他听说洛阳城首富王恺在当地很有名气，就想和他比一比。王恺见到初到洛阳的石崇比自己还要奢侈，开始大肆铺张浪费，想要压过对方的风头。

石崇听说王恺家用饴糖水刷锅，他就命令厨房将蜡烛当柴火烧。当时，权贵出行讲究排场，道路两旁需要屏风一样的布幔来遮挡风沙，王恺为了炫耀自己的富有，用紫绫和名贵的布料制成了长达40里的屏风，轰动了洛阳城。而为了压倒王恺，石崇命人用比紫绫更加贵重的彩缎铺设了50里屏风，更加豪华。

为了赢过石崇，王恺向自己外甥晋武帝请求帮助。晋武帝觉得这样的比赛很有趣，就将皇宫里收藏的一株两尺多高的珊瑚树赐给了王恺。当日，王恺设宴邀请石崇和一批官员，在宴会上，石崇故意打碎了珊瑚树。王恺等人十分愤怒，质问他为什么这么做。

石崇回答说："您用不着生气，我还您一株就是了。"于是，他派人从家里搬来了几十株珊瑚树，让王恺挑选。这时，王恺才意识到自己的身家远远比不上石崇。而最终，石崇也因为自己的财富遭到小人的诬陷，被人杀害。

莎士比亚写道："你要留心嫉妒，那是一个绿眼的妖怪。"而攀比心理就是需要我们注意的一种嫉妒。其实，我们在生活中突然感到难过，对曾经的某些事感到懊悔和悲伤，都是一种正常的现象。我们应该保持一种积极的态度，接纳现实的不幸，放下心中的执着，没必要总是一山望着一山高。攀比，在本质上是一件毫无意义的事情，因为，它对我们所面临的现实毫无裨益。所以，我们没有必要见不得别人比自己好，选择通过攀比来满足自己的虚荣心。

每个人的成功与荣耀都是经过长期的积累和努力获得的。大多数人眼中的美好人生，其实背后也有着很多我们无法看见的心酸。所以，明确自己的人生目标，找到自己想要的生活状态，才是最重要的。我们在努力的过程中，享受不断靠近目标的成就感，才是最美好的事情。

6
自恋心理：享受别人的羡慕嫉妒恨

生活中，我们经常可以看到很多人在朋友圈中晒自拍、晒包包。他们的活跃度极高，几乎每一条评论或点赞，都会及时回复，享受这种万众瞩目的感觉。但是，总有一些人经常在言语或行动中彰显自己的优越感，以获得他人的羡慕与尊重，使内心得到满足。这就是由于过度自恋导致的虚荣心理。

"自恋"一词源自希腊神话。希腊女神厄科因受到惩罚，只能重复他人的最后一句话。她爱上了河神之子纳西索斯，却遭到了对方的拒绝。纳西索斯对厄科说："别梦想我为你着迷！"厄科重复说："我为你着迷，我为你着迷……"不久之后，厄科抑郁而死。

为了惩罚纳西索斯，复仇女神涅墨西斯让他爱上了自己在水中的倒影。纳克索斯被自己的倒影迷住，却又无法得到它。他死后便化作一株水仙花，永远开在水旁边。

自恋是个体对自己过于自信的一种陶醉入迷的心理表现。自恋者有明显的个人主义和利己主义倾向，在生活中表现出过度爱慕虚荣，经常通过各种外在形式展示自己优越的一面，享受他人的羡慕与嫉妒，获得心理的满足感。

在现实生活中，有这样一类女人，她们对男人的追求既不接受，也不拒绝，周旋于众多男人之间。在她们眼中，与很多男人存在暧昧关系，是一种证明自我魅力的方式。同时，这种病态的自恋，让她们对自己的一言一行存在较强的敏感度和自律，即使是自身的缺点，也会被赋予色彩。她们无时无刻不在关注能够展示自己魅力的时机，尽管这种魅力在他人眼中可能惨不忍睹。

老舍先生在《离婚》中刻画了一个令人讨厌的角色——小赵。他不仅品行不端，而且喜欢处处表现自己的优越感。有一次，同事老李将乡下的妻儿接到了城市中，小赵故意将他们接到了同事聚餐的西餐厅。老李的妻子从没有吃过西餐，甚至没有进过西餐厅，所以，对吃西餐的礼仪、方式等一窍不通。

明知对方如此难堪，小赵却故意令对方出丑，以各种言语误导，令他们出尽了洋相。

这种炫耀在很大程度上源自因自身天然的优势而产生的优越感。很多自恋者过度追求虚荣，总是自以为了不起，给人一种咄咄逼人的感觉。比如在同学聚会中，一些人不断炫耀自己的工作、家庭等，通过他人的羡慕、赞美的话达到自我满足的目的。然而，这种对虚荣近乎病态的追求，会给人带来一种浮夸，甚至小人得志的感觉。盲目彰显自己的优越感，往往会遭到他人的反感与排斥，影响正常的人际关系，甚至得到一个"搬起石头砸自己的脚"的结果。

在一场作家们的宴会上，一名穿着朴素的女作家坐在角落里，她只是出于礼节，不得不参加这场宴会，因此选择躲在角落里享受片刻的安静。一位衣着光鲜的作家看到了她，认为她只是一个不出名的小作家，于是，他佯装礼貌地接近女作家，询问说："请问小姐，您是作家吗？"他乐于接近这个远离宴会中心的女人，就是想要展示自己。

女作家回答说："是的，先生。"她本不擅长交际，也不喜欢这种场合，只能出于礼貌做出回应。

男作家又问道："那么，不知道您写了哪些大作，可否让我拜读一两部呢？"

女作家回答说："我只是一个写小说的，谈不上什么大作。"

此时，男作家更加肯定对方不如自己，就开始有些傲慢："您也是写小说的，那么我们算是同行，我已经出版了几百部小说，不知道您出版了几部？"

女作家回答说："一部。"

男作家不依不饶，问道："您写的小说名字是什么？"

女作家淡淡地回答了一个字——《飘》。男作家听完，目瞪口呆，随便找了一个借口离开了。

心理学家阿德勒曾说："自卑感和追求卓越感是人生同一个基本事实的两面，二者不可分割。"我们希望通过否定他人的不足，以彰显自身的优势，获得满足感。然而，这种行为很可能会令对方反感，认为我们眼界狭小。也许，在他人眼中，我们的种种炫耀行为只是一种可笑的行径罢了。就像俗话说的："孔雀开屏的时候，也露出了屁股。"

7

低自尊：过于看重别人的评价和看法

虚荣心强的人非常在乎别人的看法和评价。比如在与他人交谈时，他们总是谈论自己的长处和优势，极力想要维持一个完美的形象，且容不得半点负面评价。为了避免对方对自己心生不满，他们在沟通过程中显得畏首畏尾，不断揣测他人的情绪，以至于越担心越容易犯错，干脆闭口不言。

而且，过于看重他人评价的人，内心比较脆弱，他人的一句话就能够让这些人的心情跌入低谷。一位女孩在咨询时，讲述了自己的经历：有一次，她在公司走廊中碰到了自己的领导，就开口向对方问好，对方虽然看到了她，却没有搭理她。于是，她就开始担心自己哪里犯错得罪了对方。下午的时候，她在茶水间多待了一会儿，发现领导有意瞥了自己一眼，眼神看起来不太友好。领导的举动导致她一整天都战战兢兢的。

我们为什么会过于在意他人的评价和看法？美国社会心理学家查尔斯·霍顿·库利认为，个体能够根据他人的看法和反应来构建自我形象。在幼年时期，个体在构建自我认知、建立自我概念的过程中，会将他人的评价作为调整自身行为方式的依据。这也就意味着，当一个孩子无法获得积极有效的反馈，总是受到批评、忽视，甚至虐待的时候，就无法建立自我存在感和价值感。

长此以往，那些自我感缺失的人就会为了迎合他人而隐藏自己，将自我价值感建立在别人的评价上，希望通过他人的肯定，来确认自己行为的正确性，也就会更加在意他人的评价和看法。

当他人做出积极的评价时，个体心中的某种需求感会得到极大的满足，让人产生一种幸福愉悦的感觉。如果一个人无法控制对这种愉悦情绪的需求程度，就会在心理上依赖这些评价。一旦别人的评价变成负面的，整个人就会陷入焦虑，甚至出现心理疾病。就像张爱玲所说："活在他人的眼中，迷失自我，是人生最大的悲剧。"

你不可能做到人人满意，所以，我们要让自身的看法与外界保持相对的独立，在尊重他人的前提下，客观分析每一件事，将最终的决策权留给自己，从真正的自我中获得满足感和优越感。他人的看法和评价不过是为了帮助我们更全面地认识自己，进而强大自己。所以，当有人对我们做出评价时，我们一定要做到：

1. 看到自己

习惯性迎合他人的行为的产生，是因为人们在一定程度上会忽视自己内在的情绪和感受。所以，当我们面对他人的评价时，一定要了解自己的真实状态。比如通过深呼吸安静下来，尝试感受内心的情绪，体会内心的冲动。

2. 认识自己

当我们能够体会真实的自我时，就需要分析这种情绪和冲突的来源。我们可以询问自己："为什么会产生这种情绪，我的需求是什么？""为什么我会出现这种需求？""为什么我需要他人的肯定？"

在逐步剖析各种层次的原因之后，我们就能够看清自己，对自己有一个明确的认识。当我们在面对他人的看法和评价时，就不会盲目地选择迎合和逃避。

3. 接纳自己

当我们接收到他人给予的负面信息后，要懂得接纳自己的缺点和不足。如果我们深陷在自己的缺点里，就会产生自卑情绪，阻碍我们今后的成长。

三毛曾经说过："我们不肯探索自己本身的价值，我们过分看重他人在自己生命里的参与,过分在意别人的评价。于是,孤独不再美好,失去了他人,我们惶惑不安。"人生短短几十载,我们要努力让自己活得更加肆意,不要被外界的信息所束缚。过于在意他人对自己的看法,会使我们活得很累。每个人都有自己独立的人生,我们没有必要为了迎合他人,而让自己陷入虚荣的旋涡中。

8
趣味心理测试:你的虚荣心有多强?

测试题目:

1. 如果你在公交车站等车,在上车的时候突然发现自己的10元钱掉在了地上,你是否会下车将它捡回来?

是——5

否——2

2. 和朋友在外面聚餐时,你是否会剩下很多饭菜?

是——3

否——7

3. 当你需要向他人赠送礼物时,你会侧重实用还是好看?

实用——4

好看——7

4. 在日常消费中,对于衣服、首饰等你是否会追求名牌?

是——8

否——11

5. 当你感到开心而大笑的时候，是否会张大嘴巴？

是——6

否——7

6. 如果在事先没有通知的情况下，朋友突然来访，你是否会感到生气？

是——7

否——9

7. 对于某些喜欢但超出经济能力的物品，你是否会选择分期付款？

是——4

否——8

8. 你是否为自己没有经受住推销而购买某一商品的经历而后悔？

是——11

否——9

9. 如果你喜欢算命，是否在意被朋友看到？

是——11

否——13

10. 如果朋友向你借 5000 元时，你的手里只有 3000 元，你会怎么做？

表示忘记带钱包——15

坦白自己只有 3000 元——13

11. 当你参加宴会时，发现其他人的着装都要比你隆重或时尚，你是否会选择提前离场？

是——15

否——10

12. 对于第一次见面的人，你是否对他的学历和职位感到好奇，并表达出来？

是——16

否——15

13. 如果你很少出国旅行，当你旅行时，你是否一定会选择高档的酒店？

是——类型 B

否——类型 A

14. 你是否向往舒适又多金的婚姻？

是——类型 C

否——类型 B

15. 你是否格外在意外界对你的评价？

是——16

否——14

16. 当你买东西的时候，即使物品的价格很低，你是否依然会选择用大额钞票付账？

是——类型 D

否——类型 C

测试结果：

类型 A：虚荣心强度很低

你是一个对自己充满自信的人，不需要凭借外界的任何事物来确认自己的价值。相较于其他人，你不在意外界的潮流风向，甚至认为那些人整天比来比去是一件无聊的事情。在你看来，不要去在意别人的看法，自己的心情才是最重要的。但是，你一定要注意，不要对身边的人过于冷漠。

类型 B：虚荣心强度一般

你是一个拥有虚荣心，却不会被虚荣心所支配的人。你偶尔会购买一些昂贵的东西来点缀自己的生活，但一切消费行为都会控制在自己的经济能力所能支持的范围内。不过，有时候你也会为了所谓的面子去迎合他人，做一些让自己不开心的事。你可以尝试结交一些志趣相投的人，这样才不会让你时常感到郁闷。

类型 C：虚荣心强度高

你是一个虚荣心很强的人。你十分在意周围人对自己的看法，并试图通过自己的努力和伪装来塑造一个完美的形象。你过高的自尊心导致你无法承认、接受自己的失败，总是希望通过比较来确认自己的价值。

类型 D：虚荣心强度极高

你是一个骨子里充满虚荣的人，言谈举止无时无刻不在散发虚荣的味道。为了夸耀自己，你不惜编造一堆谎言来欺骗自己，欺骗别人。但是，当你的伪装被人看破时，你虚假的嘴脸会让你失去所有人的信任。

第四章　揭开假自我的面纱，面子不是伪装来的

1
伪努力：别用表面上的勤奋掩盖内心的懒惰

网上有一个新名词："懒惰的勤奋人"，是指一些缺乏明确的目标、合理的方法，只是一味埋头努力的人。

李文希是一个非常勤奋的人，经常加班到深夜，甚至主动放弃了正常的节假日休息时间。并且，只要同事向自己寻求帮助，她都会尽力去帮助他们。

然而，虽然给人留下了极其努力的印象，她在职场中却没有前进一步，很多年过去了，她几乎保持着最初的职位和薪资水平。

习惯伪装努力的人最大的特点，就是将大量的时间和精力投入在一些琐事上，制造出一种自己看起来足够努力的假象。在看似热火朝天的"努力"中，他们甚至都不清楚自己在做什么，只是像一只无头苍蝇一样乱飞乱撞。

伪装努力的人另一个特点是不专注，常常是一边做事一边玩手机。比如动不动就发个凌晨加班的自拍，配一句鸡汤励志文，以显示自己多么努力。

这种止于表面的努力并不会得到我们所期待的结果，反而会暴露出能力存在缺陷的问题。

那么，我们为什么要假装很努力呢？

1. 为了缓解焦虑

在一座充满竞争的城市里，一个会聚了各种人才的CBD（中央商务区）中，所有的人都行色匆匆，唯有你十分悠然，你是否会觉得自己与这个写字楼，甚至这个城市格格不入？作为一个清闲的另类，你会开始焦虑。为了缓解这种焦虑，你就会加快步伐，跟上其他人的节奏。

2. 担心不忙会被看不起

在快节奏的大环境下，"努力"是一个人具有上进心的标签。如果你年纪轻轻却清闲得像一个退休老干部，大家表面上羡慕你，实际内心却是鄙视的，鄙视你不努力，不上进。

在世俗的标准里，将时间奉献给工作和梦想，是值得炫耀的。这就使得一些人沉浸在"努力"所带来的自豪感中，用忙碌的行为满足自己的虚荣心。

3. 为了获得老板的重视

对工作而言，没有一个老板希望员工整天无所事事，每一份薪资都要对应相应的价值。于是，很多人为了应付老板，也只能装作很努力的样子。还有一种情况，就是希望通过自己的"努力"来获得老板的重视，上班时间忙，下班时间也忙，暗示老板自己一直在为公司做贡献。

"伪努力"是一场刻意为之的闹剧，更是一场充满欺骗的表演。"伪努力"的人热衷于工作或生活上的琐事，给人一种积极进取的印象，用来迷惑他人，甚至迷惑自己。他们试图通过表面的努力，寻求自我安慰，博取他人的认可和赞美。

你的"伪努力"对你来说，是一种自我安慰，在他人眼中很可能是一种无能低效的表现。那我们该如何走出"伪努力"的误区呢？

1. 端正自己的态度

"伪努力"的本质就是花费大量的时间，去完成一件事情中最简单的部分，而且在完成的过程中，你只愿意完成自己最擅长的部分。而这种行为就是在配合自己表演，告诉他人，同时也是告诉自己，我在努力。所以，我们要端正自己的态度，让自己走出舒适区，完成需要克服困难的任务，才算是真正的努力。

2. 善于思考和反省

如果你每天到了下班时间，发现还有很多事没来得及处理，不得不加班，就该思考思考自己的工作效率问题了。

我们不只要努力，还要善于思考。如果一味埋头苦干，结果可能是做了很多无用功。勤于思考反省，才能找到更高效的努力方式，也才能确定下一个正确的努力方向。

3. 自我检测

我们可以不定时去检验自己完成了哪些任务，获得了哪些成果。如果你只是"伪努力"的话，通过自我检测，你就会意识到自己效率低下的问题。所以，懂得获取反馈，才能使自己真正感受到自己的努力。

我们不能总想着用不同的方式来折磨自己，使自己变得忙碌，以求心安和他人的称赞，这种行为不过是为了麻痹内心的懒惰，为自己的懒惰找到一个光明正大的理由。所以，我们要及时认清自己，不要让"伪努力"成全自己的懒惰。

2

伪精致：真实和精致并不矛盾

精致是个受欢迎的词，但很多人误把精致等同于财富。名贵的鞋子和包包，奢华餐厅和酒店的消费，限量版口红，这些都成了朋友圈炫耀的精致。其实，这不过是在虚荣心的驱使下的"伪精致"。

苏小雨是一家企业的行政助理。她的收入在这座消费水平较高的城市里，只能做到养活自己。但在所有人眼中，她的生活精致且美好：每天苏小雨都要点一杯星巴克咖啡或者一份提拉米苏蛋糕；日常与同事们聚餐，她也会选择公司附近小有名气的日式料理、法国西餐等。

为了在其他人面前维持自己的形象，她每天都会花费很多时间来研究穿搭，什么样的妆容适合自己，什么样的衣服搭配什么样的挎包。这些日常开销林林总总算下来，不仅榨干了苏小雨的钱包，还在长期的累积下，使她欠下了高额的债务。

伪精致的人，表面光鲜亮丽，口袋空空如也是常态。甚至有人出门一个样，在家一个样。就像有的女性打扮精致，每天盛装出门，就算倒垃圾，也得化个妆，但住的屋子里却乱糟糟的像个垃圾场。

心理学家德西尼·朱拉德首次提出了"自我表露"的概念，

指的是当个体公开展示自己真实或伪装的生活时，能够从中获得一种"自发的"快乐。从心理学角度来看，"伪精致"反映出的是人们对美好生活的向往。当一个人的实力无法满足他的欲望时，他的虚荣心就会在不断比较中逐渐膨胀。以下都是伪精致的表现：

1. 刻意追求仪式感

仪式感是让我们停下来感受生活的方式，但是，刻意的仪式感只是精心伪装出的美好。心理学家表示，当一个人的心理发展停留在婴儿状态时，就很容易产生全能的幻想，认为自己可以拥有自己喜欢的生活。在这种心理的支配下，人们就会刻意追求仪式感，比如一场放松身心的旅游，无关景色，只是为了拍照，发朋友圈。

2. 用物质衡量生活质量

当今社会消费主义盛行，使得很多人将物质和外表当作衡量生活质量的标尺。他们误以为只有自己拥有带有某种符号意义的商品，才能收获他人的尊重和青睐，实现自我价值。他们觉得，一个人的生活需要拥有某种象征或代表身份地位的奢侈品做点缀，才会显得精致。

3. 羡慕别人的精致

网络的飞速发展，使各种各样的社交媒体走进了人们的生活。在大部分人的社交圈中，总有一些人分享自己的生活，他们穿着典雅的汉服，"晒"各种先锋话剧和草地电影节。这些外界信息无一不在刺激着我们对精致生活的追求，于是，为了凸显自己的价值，即使力不从心，也要伪装出精致的生活。

追求高品质的生活无可厚非，但是，如果仅仅只是将精致的生活停留在表面，塑造出一个虚假的形象，注定会被"精致生活"所累。我们可以增加生活中的仪式感，但不必为了超出自己能力范围的"精致"，让自己无端遭受生活的压力。

其实，真实和精致并不矛盾。精致的生活并不一定需要世人眼中的奢华物品作为点缀，而是需要懂得欣赏生活、享受生活。以下这些方法可以帮你达到"积极的"精致：

1.守住理性消费的底线

当我们打算用一些奢侈的物品来装点自己的生活时，可以冷静分析一下它所带来的价值。就像一位社会调查人员曾说："年轻人在追求精致之前，可以先问问自己是否具备足够的能力，评估一下追求这种精致能够为自己带来什么。理性地看待每一分钱的花销，放弃一些'看起来很美'的事物，才是真实的开始。"

2."断舍离"

说到底，"精致"是一种不受外界影响，发自内心的生活态度，也是对人生的深刻理解。山下英子放弃对物质的迷恋，只为了让自己处于宽敞舒适的空间里，她所推崇的"断舍离"何尝不是一种精致。

当我们追求更多的东西时，所消耗的能量就会增加，也会浪费我们更多的时间。而"断舍离"这种极简主义的生活方式，能够帮助我们从物欲中解放出来，让我们明白自己所期待的生活到底是什么样子。

3.一草一木皆可精致

真正的精致是用心感悟生活的真谛，即使身处困境，也能自食其力，关注生活的细节，活得淡然。大自然中的一草一木皆可点缀生活，就像林徽因在李庄逃难时，虽然住在偏僻简陋的屋子里，她却坚持从市场淘换了一些老家具和旧书，为自己做一个简单的书架，在陶罐里插满了野花……她没有奢侈的服装与香水，依然活成了人们心中最美的样子。

所以，精致的生活并不是表面上依靠奢侈的物品来体现自己，而是需要从心里认识到自身的价值，保持一种不讲究的生活态度。而当你将真实的生活变得精致，才是对生活最好的热爱。

3

伪幸福：真正的幸福从来不用"晒"

生活中,有些人总是喜欢在各种社交媒体上晒幸福。然而，当所有人都认为他们很幸福的时候，实际上他们却并不幸福，这些人只不过是用炫耀的方式伪装出一种假象，不想让别人看到自己的狼狈。

于欣身边有一个特别喜欢秀恩爱的同事，经常在朋友圈中炫耀自己的幸福，让于欣羡慕不已。比如在同事生日那天，她的老公不仅送了她玫瑰花，还给她买了一款新上市的苹果手机；她的老公从国外回来，还不忘给她买一款时尚的裙子；偶尔两个人还一起出国旅游度假，去过巴黎、迪拜等城市的经历都是她炫耀的资本。

她的幸福生活遭到了很多人的嫉妒，于是，很多人为了不受刺激，选择屏蔽了她，但是，这依然无法阻拦她炫耀自己的幸福。然而，有一天，于欣听说这位幸福的同事居然离婚了，让她吃惊不已。

过度"晒"自己的幸福，从心理学角度分析，"晒"的不是"幸福"，而是内心的虚荣与脆弱，其本质是一种渴望被关注和认可的表现。为什么会出现这种情况呢？

1. 自卑心理

不停地"晒"幸福，是一种在人际圈内展示自身优越感的行为，其目的是博得他人的赞美和羡慕，获得自我满足。这种行为恰恰暴露了人们内心的自卑，与其说幸福是"晒"给他人看的，不如说幸福是"晒"给自己看的。一般存在自卑心理的人，很难认识到自己的优势，反而会习惯性否定自己。"晒"幸福的目的是通过他人的反馈来肯定自己。比如一个女人经常对别人说"我的老公好爱我"之类的话，就是渴望通过感情上的优势证明自身的优秀。

2. 过度自恋

拉·洛克福库德曾说："自恋，比世界上最善于欺骗的人更加善于欺骗。"而过度自恋就是一种自欺欺人的心理状态，使人在自己的幻想中高估自己的实际能力。于是，他们就需要在人际交往中获得更多的关注和肯定来自我满足，这种虚荣会促使他们做出"晒"幸福的举动，享受来自他人的羡慕或嫉妒的目光。

3. 缺乏安全感

一个缺乏安全感的人需要经常确认他人的爱。无论是外表还是行为，他们都解读出一个隐藏的含义，这就意味着，在他们的认知中，每一段恋爱关系都存在很大的不稳定性，他们的内心就会出现一种恐慌，担心自己被抛弃，所以，他们需要时时刻刻对自己进行暗示和催眠。于是，"晒"幸福是为了深层次曝光自己的情感，以求内心的安宁，使自己的恋爱关系更加稳固，获得安全感。

4. 匮乏的生活

也许，有的人并不是不想分享其他的事物，而是能让他们炫耀的资源有限。他们每天与生活中大大小小的琐事纠缠在一起，"晒"幸福可能是他们眼中唯一拿得出手的东西。

幸福是所有人都无法触摸的一种内心情感体验，所以，幸福并不是用来"晒"的，而是需要我们用心去体会。如果一个人的幸福需要依靠他人的羡慕和赞美来证明，那就不是幸福，而是一种虚荣，一种自我催眠。长期将目光放在如何"晒"幸福上，会让我们过于关注表面的幸福，忽略经营真实的幸福，本末倒置，让真正的幸福在不知不觉中从我们身边溜走。

也许，我们的幸福真实且存在，但也要考虑一下周围人的感受。内心的落差感难免会使人心生不悦，即使对方并不会出现负面心理，我们的炫耀依然会对他们造成伤害，丧失他人对我们的好感，甚至遭受嫉妒、嘲讽和白眼。

其实，更多时候，"晒"出来的幸福往往是给人看的，背后不知隐藏着多少辛酸和泪水。当一个人真正幸福时，他可能会忘记去"晒"自己的幸福。

一个人真正的幸福才是值得关注的风景，懂得珍惜眼前的可贵，才是真正的成熟。那些拼尽全力炫耀幸福的人，往往是急于用外在的欣欣向荣来掩饰内心的卑微和弱小。所以，面对幸福，我们要明白：

1. 生活属于自己，无须炫耀

幸福只是一个人对生活的体验，没有必要敲锣打鼓，让全世界听见。只有细心感受自己的幸福，不为世俗的虚荣所累，才能获得命运更多的馈赠。真正的幸福是在生命中优雅地沉淀，"晒"幸福只会暴露一个人内心的匮乏。

2. 坚定内心，守住自己的幸福

一个人的幸福不存在于照片里，也不存在于字里行间，幸福一直都在心里，只有坚定自己的内心，才能享受自己的生活，守住自己的幸福。与其将时间和精力花费在如何炫耀自己的幸福上，不如认真经营它，让它常伴身旁。

3. 他人的评价不如内心的笃定

我们没有必要期待他人的赞美与肯定，一个人的幸福并不会活在别人的眼中，而是存在于自己的心里。他人的认可不重要，重要的是你能够认可自己，肯定自己的幸福。

所以，一个人的幸福，不必说给所有人听，珍惜比炫耀更为重要。存在他人眼中的幸福远远没有存在心中让人更加安心。

4
伪学历：那些学历造假的人后来都怎样了？

现如今，无论是求职面试，还是相亲择偶，学历都具有非常高的参考价值。然而，这种社会需求却让学历造假成为屡禁不止的社会现象。

2007年，35岁的申正娥成为了韩国东国大学最年轻的教授。然而，美国耶鲁大学却发表声明，表示申正娥所拥有的耶鲁大学美术学博士证书是伪造的，同时，美国堪萨斯大学和堪萨斯州立大学也表示，申正娥所声称的学士和硕士学位均属伪造。这一重磅消息传出，东国大学立刻解聘了申正娥，同时要求韩国监察厅对此展开调查。而在此事的波及下，很多韩国的名流纷纷表示自己也伪造了学历，其中不乏功成名就的人。

我们不得不承认，学历是一个人的标签，也是评判一个人的重要依据。在大环境的影响下，高学历的人往往能够获得更多的机会和尊重，而低学历的人不但处处受限，甚至还会经常遭到他人的歧视。那么，为什么一些小有成就的人依然会去触碰学历造假这枚定时炸弹呢？

1. 能力优秀也无法弥补的学历自卑

一个人的学历往往不能代表他的能力，却会影响其他人对他的判断。自卑心理往往会导致一个人过于在意外界的看法，无法接纳任何负面信息，甚至需要他人的评价来肯定自己。有些人担心自身的低学历会让外界对自己的能力产生怀疑，从而需要伪造高学历来避免这种情况的发生。

2. 镀金心理，增加竞争筹码

随着大学生人数的增加，各大企业的招聘门槛随之提高，并且限制求职者的学历。而这种情况就导致了众多中专生、职高生、大专生，甚至本科生都出现了就业难的问题。而"伪学历"往往能够帮求职者在求职面试中获得很大的优势。于是，很多人就会选择伪造一个国外的高学历来为自己镀金，以增加竞争的筹码。

3. 无奈的心理，环境因素影响认知

学历的高低对当下的大环境而言，具有很大的影响。如果一个人拥有名校学历，这就意味着他在择业方面拥有更多的选择。然而，对大多数人而言，高学历是一种可遇而不可求的东西，为了生存，伪造学历实属无奈之举。曾经有媒体报道过一起伪造学历的案件，当事人表示，当初之所以伪造学历，就是为了能够获得更好的工作。虽然很多企业表示，他们更看重一个人的能力，并不太在意学历，但事实上，如果自己没有一个足够好的学历，根本没有展示能力的机会。

对于伪造学历而言，学校、社会等方面的限制都属于外部

环境原因，但直接受到惩罚的还是个人。伪造学历，不仅会受到社会的谴责，还要承担一定的法律责任。这种不可取的造假行为往往会使人搬起石头砸自己的脚。而且，即使你伪造学历侥幸蒙混过关，一旦被企业察觉，一样会失去这份工作。

关于造假者所承担的责任，一位法律专家表示："根据劳动法的规定，简历造假者采取欺诈方式订立的劳动合同当然就无效。这对于造假者就没有任何好处了，劳动合同尚未履行的，不得履行，劳动合同正在履行的，也立即终止。造假者已经在用人单位取得的工资、保险、公积金等一切酬劳等都得返还给单位，户口、档案都得退回原籍，还得赔偿单位由此造成的损失。"所以，我们要正确看待学历问题。

1. 不要抱有侥幸心理

虽然一部分公司因某些原因，并不会核查每一个入职者学历的真实性，但是，我们不能排除对方在后期例行检查，纸终究包不住火。而一些大公司往往在学历、经历等方面要求严格，一旦核实到虚假学历的存在，很可能被整个行业拉进黑名单。所以，千万不能抱有侥幸心理。理性地看待自己的学历，尽力去展示自己的能力，才是真正的求职态度。

2. 学历重要，能力更重要

学历只是人生的起点，而不是终点。相较于学历，努力提升自己的能力更为重要。如果你没有相应的能力做支撑，高学历也只是一个花架子。

我们要明白，学历的作用并不是装点一个人，它只是某个人在文化教育程度和专业方面的一种客观证明。如果我们太过在意学历，为了自己的虚荣心而不惜伪造学历，不仅会给我们的征信带来影响，甚至深陷违法犯罪的泥潭。

5
伪富有：没钱就不要装大款

生活中存在很多"体面而悲惨"的人，他们即使无法保障自己的生活，也要强行将自己包装成一个富有的人，以免因贫穷而受到周围人的轻视和嘲讽。与大多数人相比，这种爱面子和炫耀的行为往往会出现在一些低自尊且经济能力一般的人身上。

何苗在三线城市的一家公司任职，月收入4000元左右，公司提供的公寓分担了日常的最大一笔开销。但已经工作6年的她，居然没有存下任何钱，当自己遇到紧急情况时，还需要向身边的朋友求助。在同龄人中，她的薪资水平属于中等偏上，但由于维持自己的形象，刻意提高生活水平，导致她成为人们眼中的"月光族"。

一场突如其来的家庭变故撕碎了她的伪装，母亲重病卧床，急需5万元治疗。全家人希望何苗能够为此多出一份力，但何苗却表示自己手中没有存款，令所有人不得其解。她羞愧地解释说："当初只是为了强调自己自立、自强的形象，不得已向身边的人表现自己月收入达到了8000元。"

从理论上讲，即使她的收入水平并没有达到自己所吹嘘的样子，也不至于没有任何存款。殊不知，为了满足自己的虚荣心理，她经常在朋友聚餐时主动埋单，以博取大家的尊重和羡慕，让自己本该富裕的生活变得紧巴巴的。

假装富有是为了挽回面子或者维持面子，是一种极端的心理状态。从心理学角度分析，一个经常假装富有的人，是为了通过金钱来获得周围人的认可和尊重，他们认为自己表现得越富有，就越能够让对方钦佩自己。

这种极端的心理让他们变得脆弱且敏感，在人际交往的过程中，希望自己时刻被所有人围绕在中心。周围的人无意识的言论和行为都有可能被他们曲解成轻视，于是，他们就企图通过埋单的方式令所有人将他们视为中心，这是一种对被人需要的极度渴望，也是享受他人追捧的虚荣。

这种抢着埋单的行为也被看作维持朋友关系最有效的方法，消费也就变成了结交朋友的手段。于是，我们在各种场合就会看到，无论关系远近，在聚餐或娱乐消费的时候，总有人在抢着埋单。而这恰恰是对自我形象的一种塑造，让身边的人产生一种错觉：他真的很有钱。

《六韬引谚》中写道："天下熙熙，皆为利来；天下攘攘，皆为利往。"利益是人际交往中绕不开的话题，一个人财富的多寡往往意味着与他交际的人是否能够从中获取利益。于是，人们便开始不遗余力地恭维"有钱人"，这种尊重就会令"有钱人"的虚荣心理得到极大的满足。然而，一个人的财富并不只是体现在日常的表现中，很多时候，"装有钱"不仅无法达到满足自身虚荣的目的，反而会让人觉得是一种哗众取宠的行为。

金钱是当今社会的必需品，却不是衡量个人价值的标准，我们不能将金钱作为"万能的神"来看待，更不能为了所谓的虚名而将自己置身于泥泞的生活。所以，我们需要正确地看待一个人的财富。

1. 明确金钱的意义

我们无法否定金钱在经济生活中所起到的作用，但也不能受金钱制约，成为它的奴隶。金钱只是一种实现自我的工具，并非是实现自我价值的手段。一个人真正的价值的体现首先源自内心对自己的正视。而且，金钱也不是万能的，就像挪威剧作家所说："金钱能买来食物，却买不来食欲；金钱能买来药品，却买不来健康；金钱能买来熟人，却买不来朋友；金钱能用来奉承，却带不来信赖……"

2. 树立正确的金钱观

合理、正确地使用金钱，才能成为金钱的主人。如果只是为了满足内心的虚荣，将大量金钱花费在奢侈且没有意义的事情上，那我们就会成为金钱的奴隶。树立正确的金钱观，能够让我们更加理性地对待金钱。对待金钱，我们应该将目光放在它的作用上，使之为我们服务，帮助我们更好地实现自己的目标，而不是将金钱编织成一件虚假的外衣，穿在身上供身边的人欣赏。

万物皆有两面，我们看待任何事物都要遵循其规则。对财富而言，我们不要颠倒了顺序，物质财富只是人生的基础，而精神财富才是人生的升华。合理地对待金钱，不要成为金钱的奴隶，而要做金钱的主人。

6
伪学习：你患上知识焦虑症了

如今社会信息发达，很多人在求知欲的推动下，渴望将更多的知识转化成自身的能力。但学习的目的，是将新的知识内化为自身的意识，变成一种潜意识的自动能力。然而，大多数人往往只是单一地汲取各种各样的知识，却来不及消化，于是，就出现了一种"伪学习"的状态，甚至患上知识焦虑症。

就像生活中的某些人：热衷于追逐各种"干货"，追捧各路"大神"，积极参加线下的知识交流会；习惯性收藏他人分享的各种学习资料，却一直放在收藏夹里；将自己所需的各种知识分门别类，立志在一定时间内学完，却总是三分钟热度；经常看一些《人类简史》之类深奥难懂的图书，等等。然而，这种不求甚解的学习方式，并不能给我们带来实质性的帮助，无法在工作中发挥出学以致用的效果。最终，让我们对自己的能力产生怀疑。

在毫无目的的学习下，我们对知识的匮乏感越来越恐惧，长此以往，我们的能力尚未得到提高，拖延症和焦虑症却一天比一天严重。

既然耗费大量时间和精力的学习没有实质效果，那为什么我们很多人依然会陷入"伪学习"的误区呢？

1. 担心自己被淘汰

在如今快速发展的大环境下，各种新技术、新产品层出不穷，知识的更迭速度加快，使得我们对新的知识、信息始终存在一种匮乏感。于是，我们就会担心因自身知识储备不足而落后于社会和他人，被时代所淘汰，从而产生一种心理恐惧。为了缓解这种令人不安的负面情绪，我们就会渴望紧跟时代的脚步，尽量让自己多了解新的知识，学习新的技能。

2. 错误的自我认知

当一个人出现消极的心态时，总是会为每一件事幻想出一个糟糕的结果。有些人由于缺乏自信，对自身的能力产生怀疑，就会担心自己的知识储备已经无法满足当前的职位需求。或者，身边的人都在不断努力提升自己，并且在人际交往过程中展示出更加长远的见识和宽广的知识面，就会令我们感到自己与他人存在较大的差距。于是，我们就希望通过学习来提高自己的能力，缩短与他人的差距。

3. 不合理的目标

每一个人内心都存在一定的欲望和冲动，当他们的目标与自身能力不相符，以当前的知识储备无法达成既定目标时，他们就会产生焦虑的情绪。为了缓解这种焦虑，他们就趋向于接触更多的知识来提高能力，满足自身的欲望。

对新知识保持求知的欲望是一种非常重要的态度，然而，盲目地学习、接收大量的信息会令我们无端承受更多的心理压力，甚至患上焦虑症等心理疾病，对我们的生理和心理造成不利的影响。

有时候，我们无法掌握新的技能真的是因为学习能力不足吗？其实，我们只不过是在不知不觉中陷入了盲目追求知识的"伪学习"状态。那我们该如何避免"伪学习"，并进入正确的学习状态呢？

1. 将目标可视化

目标可视化是指，我们不要单一追求某种知识，而是要明确自己的目标，认识到自己对新知识存在哪些需求。比如当我们准备租房时，我们就要列出自己对所需房子的各种要求，不要漫无目的地找房。所以，将目标可视化，能够提高我们的工作和生活效率，帮助我们按照既定方略学习新的知识。

2. 客观分析问题

所谓"客观"，就是指我们能够站在全局的角度分析所面临的问题，使我们更容易看透事情的本质。电影《教父》中有一句著名的台词："那些花半秒钟就看透事物本质的人，和花一辈子都看不清事物本质的人，注定是截然不同的命运。"

所以，面对自己对新知识的需求，我们要找到问题的根源，看透事情的本质，才能使我们避免盲目学习。

3. 刻意练习

畅销书作家丹尼尔·科伊尔在《一万小时天才理论》中表示，一个人想要成为某个领域的专家，需要经历 10000 小时的刻苦练习。10000 小时其实指的是我们需要投入足够的时间去学习和重复练习，并不是真的需要花费如此多的时间才能掌握某种技能。

所以，当我们决定学习某种新的知识后，就要有规律、有计划地进行练习，在不断努力的过程中，我们还可以向一些专业人士请教经验，以帮助我们在学习过程中优化和提高效率。

7

伪学霸：瞒着别人偷偷努力是什么心理？

有人说："只有偷偷努力，才能赢得惬意。"生活中总有一些人，上课的时候漫不经心，和别人交谈的时候也会表示"我也不怎么会""我也没怎么学"。然而，每次他们的成绩都会让所有人瞠目结舌。别人只注意到他们经常和朋友一起打游戏，却不知道在没有集体活动的时候，他们在图书馆认真看书、在晚上复习功课的样子。他们总是偷偷地努力，不宣扬，不声张，尽力让自己维持一个"高智商"的形象。

工作中也有这样一群暗自努力"野蛮生长"的人。他们在朋友圈中永远轻松惬意，岁月静好，午休溜出来逛街，甚至会"翘班"旅行，但给人的感觉就是自己好闲，一点儿都不拼。

殊不知，他们的工作模式常常是997，睡前还在努力充电。他们只是不想让别人看到自己的努力。

努力能够提升一个人的自我价值，能够更好地将理想和现实的距离拉近，那么为什么很多人却不敢或不愿光明正大地努力呢？他们究竟在想什么？

1. 证明自己的智商

因为任何一个人都可以做到努力，人们就渐渐看重叫作天赋的东西，不想让别人看见自己的努力。如果自己能轻而易举地取得成绩，就能证明自己的智商很高。

2. 担心被群体孤立

每个人都存在对安全感的需求，而对群体的依赖能够满足我们这种需求。当一个人处于懈怠、贪图享乐的大环境中时，努力提升自己的行为就显得有些格格不入。为了避免成为他人眼中的"异类"，大多数人都会选择与群体一致的行为来掩饰自己的努力。就像步入大学之后，大多数人在平常都会处于一种松懈的状态，以融入集体，避免招致他人异样的眼光，甚至被孤立。

3. 在意外界的评价

心理学家库利认为："对每个人来说，他人都是一面镜子，个人通过社会交往了解到他人对自己的看法，从而形成自己的自我。"在童年时期，我们需要以他人的评价作为依据，形成自我概念。于是，我们总是渴望证明自己，努力将每一件事做好，渴望得到他人的积极评价。当现实中的自我出现偏差时，我们的心情就会十分低落。如果高调的努力却没有获得所期望的结果，难免招致"他这么努力，居然还没有考出好成绩"之类的冷嘲热讽，让我们本就低落的情绪雪上加霜。然而，偷偷地努力去做的事即使失败，别人也无法对我们评头论足。

4. 享受他人的羡慕与称赞

在大多数人眼中，努力是"能力低"的代名词。为了体现自己的能力，他们往往会掩饰自己的努力，当自己获得成功时，就能获得更多羡慕的眼光和评价。比如"他明明没有努力，但就是很厉害，是与生俱来的天赋吧，真羡慕他"等。

而且，当他们失败时，也能够以没有努力为借口，避免被认为能力不足，缓解因失败带来的挫败感和沮丧感。

当我们拼命掩盖自己努力的痕迹时，我们在生理和心理上都会出现一种疲惫感。我们需要消耗额外的时间去努力，而且，当他人知晓我们背后的努力后，内心很可能会对我们产生排斥感，认为自己耽误了我们的时间，从而对彼此之间的关系产生不利影响。那我们该如何正确看待努力这件事呢？

1. 正确评估自己的价值

一个人的价值往往只取决于一个人本身，除了自己，没有人能让我们贬值。所以，我们要走出思维的误区，无论外界如何评价我们，都无法影响到我们的自身价值。当你真正审视自己时，发现自己并没有虚度人生，那么你的人生就是有价值、有意义的。当我们能够接受生活给予的一切狭隘判断时，就不会通过他人的评价来肯定自己的价值。

2. 确认自己的动机

动机指的是从事某种活动的念头，在心理学上一般被认为是涉及一个人的行为方向、强度和持续性的因素。当我们在努力时，要确认自己的动机是为了提升自己的能力，而不仅仅是为了博得他人的羡慕与称赞。同时，强化自己的动机在一定程度上会激励我们不断努力，追寻更美好的明天。

很多人对自己的努力藏着掖着，像是做了什么见不得人的事，就是怕被人看成是笨小孩。我们常说"笨鸟先飞"，但努力并不代表一个人智商不够。那些聪明有天赋的人，不努力也会泯然众人，所有的成功都离不开努力。

8

伪人脉：你不优秀，认识再多人也没有用

《孟子》讲述了一则故事：一个齐国人每天回到家中，总是表示自己已经在外面吃过饭了。妻子问道："一起吃饭的都是一些什么人？"

他得意地回答说："都是一些有钱有地位的人。"但是，他却没有带任何达官显贵来家里做客，妻子为此心生疑惑。于是，她暗中跟随丈夫，发现他根本没有结交身份高贵的人，反而是在一堆乞丐里讨饭吃。妻子回到家中，泪流不止，对丈夫失望至极。然而，丈夫却并未察觉到妻子的异样，一如既往地在她的面前耀武扬威。

为了在他人面前树立自己高大的形象，丈夫每天都吹嘘自己认识很多贵人。而当他的谎言被揭穿的时候，留给他的只有嘲笑和鄙夷。

生活中，很多人喜欢吹嘘自己认识多少厉害的人，炫耀自己强大的人脉，误以为这样就能够与那些人平起平坐，而实际上不过是自欺欺人罢了，除了满足自己的虚荣心，毫无意义。

　　从心理学角度分析，一个人习惯吹嘘自己的人脉，是源自补偿自我和降低焦虑的需要。比如一个业务员一开口就吹嘘自己认识很多客户，能够为自己带来多大的收益，然而这并不是事实。这就是源于心理补偿，个体一方面通过强大的人脉关系来获得认可和关注，另一方面降低心理落差，完成对理想自我的诉求。

　　案例中的齐国人就是心理补偿的典型，在家庭对他的苛求和期望所带来的巨大压力下，他就会习惯性用吹嘘来消除内心的不安和焦虑，以便提高自信心。这种行为的产生，外界的环境为一大原因，我们希望自己成就一番大事业，但现实的艰难令我们的心理不堪重负，而吹嘘自己能够缓解内心的压力，同时也能在满足虚荣的过程中收获愉悦感。

　　但从心理健康角度来讲，无论我们出于什么原因而不断吹嘘，都会影响我们的心理健康。长期沉醉于虚假之中，会让我们逐渐丧失真实的自我，而热衷于虚假的自我，从而逃避现实中所面临的问题。严重的会导致"夸大""妄想"等精神疾病。虽然虚构出的形象能够获得短暂的尊重与追捧，但当谎言被揭穿时，就会给人留下没有信誉的印象。而且，一味依靠他人来展示自己的强大，只会显得自己卑微与低下。

　　那我们该如何正确看待一个人的人脉呢？

虚荣心理学

1. 人脉源自共赢

共赢是人际交往过程中最重要的一项原则，因为它符合人们对利益追求的本性。每个人都是自私的，自私是人们生存和发展的内在驱动力。当我们无法从他人的身上获取价值时，自然而然就会轻视彼此之间的关系。换言之，如果自身不具备相应的优势和能力，自然无法收获真正的人脉。当然，这只是建立在社会上的人际交往，并非一概而论。所以，共赢是一个人在人际交往方面需要坚持到底的一种原则，只有这样，我们的人脉才能够保持一种良好的状态。

2. 患难见真情

比尔·盖茨曾说："一个人永远不要靠自己一个人花100%的力量，而要靠100个人花每个人1%的力量。"当一个人拥有的人脉广时，可以使用的资源也会相应地增加，自身的实力也会随之提高。但判断一个人真正的人脉，依靠的是"患难见真情"。当我们风光一时无两时，围在身边的朋友并不是真正的人脉，在我们生活窘迫的时候，依然乐于与我们交往并伸出援手的人才是我们的人脉。

梁启超推荐陈寅恪担任清华大学国学院导师，遭到校长曹祥云的质疑。曹祥云向旁人询问说："他有没有著作？"梁启超仗义执言说："他没有著作，也不是博士，但他的水平远胜于我。"于是，陈寅恪成为了清华大学国学院四大导师之一。

俗话说："有事钟无艳，无事夏迎春。"很多人在用得着别人的帮助的时候，会竭尽所能和别人搞好关系，一旦对方失势，就急于撇清关系。和这种人的友谊为远远不能算作真正的人脉。

我们要明白，无论人脉的多寡，炫耀都无法令其成为我们强大的资本，反而会暴露自身的虚伪和虚荣心。人生在世，我们认识谁不重要，重要的是我们决定成为谁。当我们自身变得强大时，就不需要向他人炫耀自己的人脉，因为，我们就是自己最大也最牢靠的人脉。

9

伪能力：做不到的事，别轻易承诺

一些虚荣心强的人，常常会夸大自己的能力，哪怕做不到的事也敢轻易许诺。

韩茜在做一个员工大会上用的产品幻灯片时，发现自己一些关于数据的图表做得不太理想。午饭时，她向几名同事吐露烦恼，其中一位同事表示，自己学过制图，这点儿小事是小意思，他让韩茜等会儿就把数据发给他。

然而，在大会开始前一天，她找到答应帮忙的同事，询问进度，对方却说："对不起啊，我还没有做，你要是着急的话先找别人帮帮忙吧。"

后来，韩茜从别人口中得知，这个同事就是爱吹牛，根本就没学过什么制图。韩茜不明白的是，既然没有能力帮忙，为什么当时表现得那么热心？

这样的人并不在少数，他们并非不知道自己的能力，但面对别人的求助，总习惯顺口承诺，好像自己无所不能。结果是，别人带着满满的希望去，而自己使出浑身解数也没能办成。承诺无法兑现，在令人失望的同时，自己的失信行为很可能让他人对你产生鄙视心态，甚至厌恶、唾骂等行为。

既然自己没有把握能够完成对方所要求的事，那么为什么还有人轻易许下承诺呢？

1. 渴望得到别人的关注

轻易向别人许诺是一种荣誉价值较低的表现，很多人为了获得他人的认可和赞美，经常通过炫耀、夸大自己的能力来引人注目。他们不讲究实事求是，不考虑具体情况，只为了满足内心的虚荣。尤其是在公共场合，无论对方提出什么样的要求，他们都会点头，侧面展示自己强大的能力，以获得他人的赞美。

2. 讨好型人格

讨好型人格的人存在一种错误的自我认知，他们认为自己天生就是卑微的，需要用付出、妥协等方式来平衡内心对他人的亏欠感。面对他人的请求，因担心拒绝会对他人造成伤害，他们就不忍心拒绝对方。讨好型人格的人并不会意识到自己的讨好行为，反而将其看成是他人对自己的关注和尊重。而且，当自身能力有限时，他们还会因无法兑现承诺而感到深深的羞愧，以至于不敢再向他人求助。

3. 依赖型人格

依赖型人格的人往往极度缺乏安全感，他们总是希望他人为自己生活中的大事做决定，将自己的需求依附给自己所依赖的人。而这种依赖型人格会导致我们因担心被集体孤立而随波逐流，因担心无法处理好人际关系而影响自己的工作，从而不愿拒绝他人的请求，甚至轻易向他人许下承诺。

4. 拒绝敏感

个体拒绝敏感的产生，源自当他向别人提出要求时，受到了拒绝创伤，从而导致个体敏感。这种拒绝敏感会促使我们通过肯定他人来获得别人的肯定，而这种心理，就会让我们变得不懂拒绝。

有人说："话没说出口，你是它的主人；话一出口，它就是你的主人。"意思就是，无论我们在脑海中如何分析、思考，都不需要对此负责，可一旦我们将话说出口，就需要对这些话负责。所以，在生活中，无论我们的能力是否能够满足对方的请求，都不要轻易许诺。

《礼记》中写道："口惠而实不至，怨菑（灾）及其身。是故君子与其有诺责也，宁有己怨。"解释为，当一个人对他人许诺却无法付诸实现时，就会引起对方的怨恨或伤害。所以，我们宁可让对方埋怨我们，也不要轻易许诺，并且，在许诺之前，一定要做到：

1. 对事情有一定的了解

当我们受邀帮助对方解决一些事情时，我们一定要对整件事有一个充分的了解。比如对方所期望的结果；自己是否拥有相应的资源；自己的能力是否能够完成这件事，等等。一切从实际角度出发，才能真正认识到自己是否能够帮助对方解决问题。所以，每个人都不是万能的，对我们来说，有时候，很多事情都是无法做到的。如果我们仅仅凭借热情就做出承诺，就是对这件事情不负责任。

2.既不断然拒绝，也不贸然答应

当别人向我们请求帮助时，如果我们毫不犹豫地拒绝对方，很可能伤害彼此之间的关系，但是，如果我们对对方所请求的事情并没有充分的把握，却贸然答应对方，会传递给对方"我能够轻松解决这件事情"的信息，于是，对方可能就不会再为这件事奔波以及对失败有一个心理准备。

如果我们没有兑现我们的承诺，对方就会承受一些损失。当我们向对方传递肯定的信息之后，对方就不会再为此寻求其他的解决办法，这一方面损害对方的既得利益，让他失去挽救的机会；另一方面会给对方带来强烈的失落感，希望突然破灭的现实，会令对方产生很大的心理落差，使对方对我们的抱怨情绪加剧。

然而，如果我们对他人的请求没有绝对的把握，我们可以将自己的意愿表现得相对灵活一点儿，不断然拒绝对方，也不贸然答应。比如"我不敢保证自己一定能做好，但我可以试试""我先了解一下""这件事做起来有些困难，我可以试一下能不能帮上你的忙"，等等。

10

趣味心理测试：你好面子的程度

测试题目：

1. 你是否无法抵抗美食的诱惑？

A. 很难抵抗，一见到美食就想全部吃光

B. 看情况，有时候想吃，有时候也没有食欲

C. 因考虑身材等原因，极力克制自己

2. 当你与很好的朋友相聚，正在商议吃饭的地点时，你会怎么做？

A. 果断提出去自己十分中意的一家餐厅

B. 当对方询问意见时，才会给出自己的建议

C. 无所谓，让对方决定就好

3. 在生活中，你是否会安排时间去做固定的运动？

A. 几乎没有，除非朋友邀请

B. 很少，运动项目也很单一

C. 会合理安排时间去做运动

4. 当你一个人坐火车时，你会不会主动和陌生人聊天，打发无聊的旅程？

A. 会，闲来无事，找点儿乐子

B. 看情况而定，如果心情好，而且对方给自己的印象不错

才会主动搭讪

C.不会，始终做自己的事

5.如果你外出游玩，以下几种活动，你会选择哪一个？

A.在海边的沙滩上，和朋友一起嬉戏

B.在游乐场，和朋友一起玩云霄飞车

C.独自一人去爬山登高

6.当"鬼节"来临的时候，你是否会担心遇见那些"看不见的东西"？

A.不会，因为我的胆子很大

B.行得正，坐得端，不畏鬼神

C.会，一定要做好防护才能安心入睡

7.假设你真的遇见了"看不见的东西"，你会选择以下哪种武器来对抗它？

A.桃木剑

B.十字架

C.大悲咒

8.你是否是一个忙碌的人？

A.时间安排得很满，即使临时有事也可能找不到我

B.有时很忙，但总是觉得自己不能合理地利用时间

C.经常将时间浪费在没有意义的事情上

测试结果：

A选项（1分）、B选项（3分）、C选项（5分）

8 ～ 16 分，好面子程度 40%

你是一个个性鲜明且强烈的人，拥有很强的自信心。你坚信无论结局如何，爱就会永远爱下去，不爱就永远不会爱上，所以，你一般不会妥协，更不会将时间浪费在一些自己认为无聊的事情上。对于爱情，你更愿意相信直觉，喜欢就会去追求，即使经常遭遇失败，你也不愿花费大量时间去培养感情。但这种举动意味着你可能会收获幸福，但无法真正地享受爱情。

17 ～ 24 分，好面子程度 60%

你是一个懂得与人为善的人，这使得你在人际交往中拥有很好的人缘。你虽然在乎面子，但胜在善于伪装和表达，在周围人眼中，你始终是一个谦逊有礼的人。在交往过程中，你对所有人都保持同一种热情，即使对方并不能达到你的要求，你也会选择和他做朋友。但是，由于你的表现过于自然，在爱情来临之际，对方因无法感受到你独特的心意而选择放弃，这也导致了你时常因错失良机而感到惋惜。

25 ～ 32 分，好面子程度 80%

你是一个十分擅长伪装的人，表面永远是一种古井无波的样子，很难让人猜出心中所想。而这恰恰断绝了你与陌生人相交的机会，所以，你的朋友一般都来自因工作或环境必然产生交集的人群。对于爱情，过于理智导致你缺乏激情，很难与交往不深的人擦出火花。在长期的观察之后，你认为时机成熟时，才会主动追求对方。虽然你的爱情来得很慢，但总是容易遇见真正适合你的人。

33 ~ 40 分，好面子程度 100%

你是一个虚伪的人，总是在旁人面前编织各种各样的形象，不肯以真面目示人。你太过谨慎，导致对任何人都存着戒心，所以，你的朋友不会多，常联系的更少。在爱情中，你的伪装无法令对方感受到你的心意，反而会使对方产生错觉，认为你讨厌他（她）。

第五章　走出认知误区，正确看待金钱名利

1
你还在被成功学忽悠吗

有些机构打着某大师旗号的微信号疯狂加人，然后向提供几节免费课，呼吁大家抓住机会，立即行动。再然后，在"先让老师看到你的决心"的一遍遍催促下，无数人果断地转了拜师门槛费6880元。当狂热的烟雾慢慢散去，很多人才清醒过来，发现自己被忽悠了。

成功学并不神秘，它最大的特点就是看问题简单、偏执，强调只要努力就一定能成功，只要不放弃就一定能成功。

"成功者永不放弃，放弃者永不成功。""成功一定有方法，失败一定有原因。"在这些成功学"名言"的刺激下，很多人内心变得澎湃，在兴奋、愤怒、妄想等情绪中不断反复。然而，当他们回到现实中却会发现自己的生活根本没有实质性的变化，甚至大不如前。

成功学忽略概率问题，强调别人能做到的，你也能做到。

比如，一个高中毕业的服务员做某品牌的化妆品直销成功了，听完她的演讲，介绍人对新人说："你是大专毕业，又做过柜台化妆品销售，你一定能成功，而且一定做得比她好。"听到这样的鼓励和比较，新人通常会想，她的条件还不如我，都能做到，我凭什么不能做到？于是，毫不犹豫加入队伍，想象着明天就能开启的成功之门。

此外，成功学抓住了人们的功利心，缩减过程，强调捷径，放大目标的达成。

《21天英语沟通无障碍》《从月薪三千到月薪三万》《如何快速成为文案高手》《一年读完1000本书是怎样的体验》……这些文章经常刷爆朋友圈，虽然打的不是成功人士的旗号，但其功利心的目标，对速度和捷径的推崇，就是典型的对成功学的宣传。

实际上，成功根本就没有捷径可走，每个人的成功也无法复制，而成功学不过是利用人们对成功的渴望，通过不断刺激人们的神经，让人对其深信不疑一种骗术罢了。

一般来说，讲成功学的人有两种：一种是取得了一定成就的人，通过与人们分享自身的经历，来释放多年的情感。他们并没有一步登天的秘诀，只能提供一些客观的经验，并告诉你用心去做一件可能做大的事情，就有机会成功。

另一种就是所谓的成功学大师，他们没有令世人瞩目的成就，也没有几十年商海沉浮的经历，只是在一些公司的包装下，以"亚洲第一""中国第一人"等噱头，进行演讲的江湖骗子。既然成功学的内容毫无用处，那为什么还会有人对其趋之若鹜呢？

1. 投机心理

投机心理，是指希望通过投机取巧的行为来达到自己的目的，本质上属于侥幸心理，希望凭借偶然的因素或机遇使自己获得成功。这种心理往往出现在因自身能力有限或被失败挫伤信心的人身上，他们放弃努力，将成功的机会放在一些侥幸的事情上，如赌博、彩票等。

2. 代位表达

每个人都存在某种情绪和欲望，但由于某些原因而无法表达出来，当我们遇到与内心情感相符的言论时，就能够引发我们的共鸣。而成功学恰恰利用了这种"代位表达"，通过代替我们表达内心的意愿，从而收获我们的认同和信任，并以此推动我们产生与之相似的价值观。比如当一个人被男朋友抛弃后，如果你表示男人的话都是不可信的，她一定会下意识认同你的观点。这就是利用了他人的情绪，而成功学也就是试图利用我们的情绪和欲望去控制我们的思想和行为。然而，这些大师不断煽动我们情绪的目的，就是促使我们交费，并不能解决实际问题。

3. 幸存者偏差

美国作家纳西姆·尼古拉斯·塔勒布认为，人们经常会为过去的遗憾编造牵强的解释，并信以为真，以此来蒙蔽自己。而这就是另一种成功学逻辑"幸存者偏差"，是指因统计不完全而出现的认知错误。在成功学大师的口中，从来只是强调个别成功的案例，对其他失败的现象闭口不谈。"你想不想成功？""想不想改变现在的生活？""你要相信你自己"……

这些语言会不断刺激我们的欲望，使我们的自信心变得膨胀，认为自己一定能够获得成功。但实际上，客观的物质世界并不会受到个人意志的冲击，成功的因素有很多，并不单单只是需要一个渴望成功的心。

成功学的本质就是通过总结过去的经验，预测未来的形势，来对我们做出暗示。但是，成功学所推崇的理想，不过是他人刻意构建出来的，忽略了事物的不确定性。若是一旦认可了关于成功的某个观点，并将其视为金玉良言，最后，你就会发现，看似按部就班的行为并不能得到期望的结果，而你的智慧和勇气也不一定助你走向成功。

所以，我们不要把成功和成功学混为一谈，要正确地看待成功。一个人的成功，往往是由各种因素综合起来促成的，而有些人只着眼于一些表面上的细枝末节，却忽视深层次的因素，才会让成功学钻了空子。

机遇、努力、天分等都是成功的一部分，能否抓住机遇获得成功，取决于我们的能力、智慧和客观条件。虽然我们无法改变自己的家庭背景、天赋能力、教育环境，但我们可以通过努力慢慢积攒力量。那些能够抓住机遇并获得成功的人，往往很早就开始积累自己的财富，壮大自己的实力。就像有人说的："这个时代从不辜负人，它只是磨炼我们，磨炼每一个试图改变自己命运的平凡人。"

2

为什么收入越高，幸福感越低

随着经济水平的提高，人们的生活质量也发生了翻天覆地的变化。然而，现实中却出现了一个匪夷所思的现象：很多人的收入水平越来越高，但他们的幸福感却没有同比例递增。

关于收入和幸福感的联系，美国的相关人员曾做过一项调查：年收入超过 2.5 万美元的群体认为，高于自身年收入水平的人，对生活的满意程度也会比他们高。在他们眼中，如果收入翻倍，获得的幸福感也会翻倍。然而，调查结果显示，年收入达到 5.5 万美元的人群对生活的满意度只比年收入 2.5 万美元的人高 9%。

知乎上也讨论过关于"月薪多少最幸福，离你有多远？"的问题，其中一位用户回答说："月薪 3000 元的时候，和老婆挤在一间出租屋里，下班之后吃一碗羊肉粉都感到特别幸福。而当自己月薪达到 20000 元的时候，换了一个大房子，既要为孩子的教育奔波，又要照顾父母，幸福已经无从谈起……"

艾伦·卡尔在《积极心理学》中表示："并不是越富有就越幸福。"这个范围知觉的发现被称为"伊斯特林悖论"。

为什么很多人并不会因为收入的提高而变得更加幸福呢？心理学家亚伯拉罕·马斯洛曾提出一种需求层次理论，他认为当一个人的实力得到提高时，也会相应产生更多的需求。但是，这种高收入低幸福感更多源自一个人的虚荣心理。

1. 成为他人眼中的自己

心理学家列尔里说："受到别人的羡慕和赞扬特别能让人感到幸福。"于是，我们就倾向于在任何事情上，都要用他人的标准来要求自己，生活给他人看，从他人的羡慕和嫉妒中享受一种幸福感和优越感。漫画家朱德庸对此有一段经典的描述："他穿时尚衣服是为了让别人看，他开的车也是为了让别人看，他买别墅也是为了让别人看。他从事的工作也是为了让别人看，他把孩子送名校也是为了让别人看，他一切的一切都是为了展示给别人看自己的品位或成绩或格调或地位，所思所想都是以他人眼光作为唯一标准。"

然而，通过这种方式获取的幸福感是一种极其脆弱的产物，并不稳定。它只是一种暂时的心理满足，很容易被自己与其他人生活的差距所带来的失落感所抵消。

2. 成为自己眼中的他人

王尔德曾说："多数人并非自己。他们的思想是别人的见解，他们的生活是一种模仿，他们的热情是一种引用。"就像很多人不断努力提高自身价值和经济实力，就是因为羡慕他人的生活，于是，他们就会在不断嫉妒和比较中模仿对方的生活。比如自己身边的人都已经结婚了，所以自己也要结婚；身边的人都拥有了固定房产，所以自己也要买房；别人假期出国旅游了，所以自己也要出国旅游……

但是，每个人的个人条件和家庭背景都是存在差距的，这也就意味着，人与人之间的生活品质没有太大的可比性。你一旦陷入盲目攀比中，将自己的时间和精力花费在如何向他人看齐上，只会徒增经济压力，甚至对自己和家庭产生一定的影响。虽然在攀比的过程中我们可以收获一点点幸福感，而这种获取幸福感的方式，会根据双方差距的增大而变得越发艰难。当你无力追求对方的生活时，你就会感到深深的挫败感和失落感。

一个人的快乐是通过满足自身需求实现的，正因为我们过于对物质进行追求，才使我们在通往幸福的道路上一直徘徊。所以，真正的幸福并不是对物欲的满足，而是一种内心平静和愉快的生活状态。

那我们该如何正确看待金钱和幸福感呢？

1. 金钱不是万能的

市场经济的不断发展，导致了人与人之间的贫富差距，进而导致很多人将幸福感与收入水平联系在一起，认为只要自己的收入提高就能够幸福。然而，事实上，很多高收入群体并没有感受到幸福，反而为生活和工作忙得身心疲惫，每天有忙不完的事情，打不完的电话。他们拥有高收入，却没有时间来享受生活。金钱的多寡并不能用来衡量一个人是否幸福，钱可以买来物质，却无法买来幸福。

2. 积极的心态

一个人幸福感的高低不取决于他拥有多少财富，而在于是否有一种积极的心态。不仅是高收入群体，低收入群体在生活的压力下也会出现一定程度的心理问题。这就意味着，对个人欲望盲目的追求会摧毁一个人的心态。所以，即使我们没有达到一定的收入水平，不能通过购买一些物品来满足自己，但我们只要能够满足日常所需就够了。保持一种平和的心态能够帮助我们更好地感知幸福。而且，积极的心态也会降低个体罹患疾病的风险，让我们远离生理或心理上各种问题的纠缠。

3. 幸福源自生活

幸福可以理解为一个人对美好事物的心理感受。每个人的生活环境不同，对幸福的理解也就不同。有人认为家庭和睦就是幸福，也有人认为单纯的快乐就是幸福，但无论从哪个角度出发，幸福都是从生活中发掘出来的。如果你的幸福感太低，可能并不是因为收入问题，而是你缺少一双发现幸福的眼睛。

所以，我们要知道，财富是高质量生活的前提，却不是获得幸福的前提。真正的幸福并不是外在的攀比和炫耀，而是内心的宁静和精神的富足。

3
为什么我们都喜欢假设"等我有钱了……"

在岳云鹏和孙越表演的相声《等我有钱了》中，岳云鹏说："等我有钱了，我就买两辆宝马，一辆在前面开道，一辆在后面护驾，我在中间骑自行车！""等我有了钱，飞机买两架，一架白天飞，一架晚上飞。"

电影《西虹市首富》讲述了一个落魄球员一夜逆袭成为亿万富翁，一个月玩命花光 10 亿的故事。该片上映的第二天票房就突破 5 亿大关，可见沈腾扮演的王多鱼是多少人的梦想。

在百度对话框中输入"幻想有钱"，会显示有 1600 多万条相关信息，例如"老是幻想自己成为有钱人""总是幻想自己有钱了怎么花""幻想自己一觉醒来有很多钱"……

微博上曾有人表示，朋友之间畅谈未来的高频开场白就是等我有钱了……

"等我有钱了，我就辞去现在的工作，跟着自己喜欢的明星满中国跑，每次都花大价钱坐第一排，让对方一低头就能看见我，记住这一张格外富有的脸。"

"等我有钱了，没事做的时候，我就化好妆，穿上小裙子，去找一个好看的男孩子约会，然后像渣男一样告诉他们：你是个好人，我们不合适。"

"等我有钱了，我就去环游世界，像卡丽一样站在纽约街头抽烟，去罗马租一辆复古摩托，走一遍奥黛丽·赫本的路线，再到摩洛哥，看一看彩虹国度。"

"等我有钱了，我就每天为自己订一束花，今天红玫瑰，明天风信子，放在不同形状的花瓶里，一天一换，永远不能让花瓶空下来。"

如今社会的整体价值观在物质化，越来越多的人认为目前是金钱社会，钱几乎是万能的。但钱多到花不完的人毕竟还是少数，因为现实很残酷，所以一些人沉溺于对有钱的幻想，并乐此不疲。

尽管这种有钱的生活对很多人来说就是一种幻想，转过头依然要面对一地鸡毛的生活，那为什么人们还要不断假设"等我有钱了"呢？

1.逃避现实

逃避现实其实是一种回避心理，指的是在现实生活中，自己与社会或他人存在矛盾时，无法主动解决矛盾，反而选择逃避的心理现象。每个人都对金钱存在一定的渴望，但现实生活中的遭遇往往令我们感到力不从心，与他人之间的经济差距等外界刺激，会促使我们采取一种视而不见的态度去逃避它。美国临床心理学家约瑟夫·布尔戈曾在其著作中表示，不管我们选择转移注意力，还是幻想、否认等方式，都是为了逃避痛苦而向自己撒谎。这种对美好未来的假设和幻想恰恰是我们对现实的一种逃避。

2. 自我安慰

从心理学角度分析，这种假设或者说幻想，是一种心理防御机制，能够帮助我们降低内心的创伤感，缓解焦虑，保持自己的希望和憧憬。就像灾难中的幸存者所说："每当我饿得不行的时候，我就幻想自己坐在自己家的餐桌前，穿得很体面，优雅地将奶酪涂在小面包上，然后一口一口地品尝。"

一般来说，当我们在现实生活中遇到一些困难，或无法忍受某种情绪时，就会促使自己暂时离开现实，在幻想的世界中实现内心的平衡，使自己在现实中的需求得到满足。虽然这种幻想能够帮助我们暂时脱离现实中的失落感，使情绪得到好转，但并不能解决实际情况。

心理学家卡普斯和奥丁根在《实验社会心理学》杂志发表了自己的研究成果，表明人沉溺于幻想中，反而更容易导致失败。当幻想中的美好与现实的残酷形成对比时，更容易让人心理失衡，产生不良情绪，一旦我们将幻想和现实混淆，就会出现歇斯底里和夸大妄想等心理症状。

幻想可以使我们的生活变得愉快，也可以破坏正常的生活状态。所以，我们要正确看待对金钱和物欲的渴望及对未来的美好憧憬。通过以下的方式克服过度的幻想：

1. 合理期望

心理学中有一个皮格马利翁效应，指的是如果你的渴望足够强烈，渴望的东西就越可能实现，如果你总是幻想失败，那这些失败就更可能会发生。但是，我们一定要分清幻想和期望的区别，幻想只是一个毫无根据的理想化未来，而期望是指以一个人的过往经验为基础，做出的合理预测。这种合理的期望，在多数时候会给我们带来惊喜，为生活增添一丝色彩。对未来做出合理的期望和计划，让它们成为我们前进的动力，有助于我们取得成功。

2.认清现实

我们可以将自己的幻想描述出来，通过分析幻想与现实的差距，来判断实现这种幻想的可能性。在分析过程中，你会发现这些幻想只不过是水中月、镜中花，除此之外，幻想不仅会令你分心，还会消耗大量的时间和精力。当我们能够认清现实，不纠缠于幻想，将注意力放在当下，我们就会逐渐有能力控制自己的行为。

3.适当宣泄

长时间的幻想经常会引起生理上和心理上的不适，而运动能够通过不断转换刺激，使内心的情绪得到缓解，心理承受能力得到提高。而且，在运动的过程中，我们会通过不断地练习、克服困难，得到他人的赞美和认可，从而提升我们的自我效能感，对自己有一个新的认知。

心存幻想是一个正常的现象，能够给我们精神上的慰藉，然而，我们一定要分清主次，维持生命存在的是现实，而不是幻想。

所以，我们要尝试将幻想和现实隔离开，甚至将幻想替换成合理的期待，让它成为我们身体中的能量。

4
你是忙得停不下来，还是不敢停下来

在这个快节奏的时代，大家都在拼：拼命挣钱，拼命学习，拼命考证……大街上、地铁里，每个人都是脚步匆匆，神色凝重，就像是一个提线木偶，在事业和生活之间来回奔走，不敢有丝毫停歇。

有时候，并不是我们不想停下来，而是忙碌早已成为习惯。比如说，一个经常列出计划清单的人，他每天起床的第一件事，就是将这个计划清单填满，而睡觉前的最后一件事，就是看一眼清单上所有的安排是否已经完成。只有全部完成清单上的任务，他才会觉得安心，否则就无法入眠；一个创业 3 年，事业有了起色的人，他终于能够告别全年无休、披星戴月的生活，然而，他在度假的时候，总是想着公司里还有什么事，在休息时感到深深的负罪感。

在奋斗的过程中，他们承受了太多的生活压力，习惯了四处奔波，认为忙碌才是真正的人生。

时间管理专家格勒斯曾说："我们正处在一个把健康变卖给时间和压力的时代。而且，这种变卖是不需要任何契约的，以一种自愿的方式把我们的健康，甚至是幸福抵押出去。"生活节奏越来越快，是社会发展的必然趋势，在这种大环境之下，我们是忙得停不下来，还是不敢停下来？

心理学家表示，这种深陷工作状态而无法自拔的症状，被称为"压力上瘾"。压力上瘾症，是指一个人一旦停止日常周而复始的工作，就会丧失忙碌节奏，打破压力惯性，从而产生焦虑感和失落感。

所以，很多人的忙碌并不是工作要求或生活所迫，而是自身养成的一种习惯。每个人在童年时都会被教育"一寸光阴一寸金，寸金难买寸光阴"，以劝诫我们不要浪费时间，明确勤奋的重要性。然而，一旦我们无法正确地看待这一观念，就会产生一种病态心理，出现强迫性努力的行为。这种行为的本质并不是为了完成某一个目标，而是要求自己处于一种努力的状态，是一种典型的以战术上的勤奋来掩盖战略上的懒惰的表现。

我们会认为如果自己不努力也许就会被社会淘汰，进而产生焦虑的情绪。但是，我们根本不知道自己真正想要的是什么，不断地忙碌也不是因为热爱，只是为了缓解内心的焦虑和恐惧。所以，我们不停地忙碌，却无法获得相应的价值，这使得我们与他人的差距越来越大，我们也就变得更加焦虑，于是，慢慢就形成了一个恶性循环。

人生本就匆忙，何必要急于奔命，我们要有选择忙碌的机会，也要有停下来的勇气。所以，在忙碌的工作和生活中，我们要学会放慢自己的脚步，抽出一些时间与家人和朋友团聚，交流一些彼此对生活的感受，分享一下未来的计划，回忆曾经相伴走过的日子。暂时放下心中的重担，能够让我们再次对生活充满热情，让冰冷的内心不断升温。我们也可以选择忽略网络，关掉手机，亲手为自己、为家人和朋友做一顿也许不精致，却充满新意的晚餐，体会生活中的乐趣。

不如给自己一场短暂且自由的旅行。在火车上，你能够遇到各种各样的人，见到各种各样的事情，感受到各种各样的情绪，让自己的生活充满色彩。只有慢下来，你才可能有时间看见真实的自己，看到最轻松的自己。

在不断忙忙碌碌中，我们都无法意识到自己总是在追着时间跑，忙不完的工作，忙不完的学习，甚至都没有时间望一眼窗外。其实，生活不必太快，慢下来你才能看见生活中真实的模样，有时候，生活中的一些小事，都能够触动我们的内心，滋润早已干涸的灵魂。

生活以慢而精致，只有慢下来，我们才能真正感受到那些美好的事物，才会有机会欣赏沿途的美景。生活不易，我们更要懂得享受生活的乐趣，遇见生活中的美好。

5
你的物质压力来自生存还是欲望

在物欲横流的当下，很多人的消费变得毫无节制，为了满足自己的虚荣心，盲目攀比，过分追求名牌的现象比比皆是。

一些人甚至将消费当作一种自我安慰的方式，心情不好的时候"买买买"，心情好的时候也要"买买买"。消费已经失去理性，变成了欲望的角逐，其具体表现如下：

1. 盲目消费

被欲望控制的人看到大家都在用网红推荐的流行款，一些人觉得这东西肯定很棒，自己也要买个回来试试。一些"网购"成瘾的人，"买买买"的出发点往往不是实际需要，而是基于好奇、攀比、炫耀、心情不好、自我满足等心理。

2. 冲动消费

一些人看到某件商品，一瞬间觉得那就是自己想要的。心一动，手就下单了。结果是，家里的快递箱、盒、袋堆成山，有的都来不及拆，多数已经忘了买的是什么，以及为什么要买。

3. 过度消费

很多月薪一万的人，却花出了月薪两万的气势。"网购"成瘾的人，一发工资就立刻下单，储蓄见底，还有信用卡、花呗、贷款顶上，根本不考虑自己的收入和支出是否成比例。

大部分人，基本上都会将对物质的追求作为一种快乐，然而，这不过是饮鸩止渴，当因解除欲望所带来的愉悦感消退之后，你将面临更加沉重的生活压力。

这种对物欲疯狂的追求源自贪婪的心理，贪婪是指对与自己的能力不相称的某一目标过分的欲求。与正常的欲望相比，贪婪并没有满足的时候，这也就是为什么有的人宁愿选择超前消费，也要满足自己对物质的欲望。

物质是人类赖以生存的基础，然而，随着社会的不断发展，许多人追求物质并不仅仅是出于生存的需求，反而是将其当作生活品质的体现及身份地位的象征，物质也就成为这些人的追求目标。于是，贪婪的心理由此滋生。

生活中，渴望在生活水平上赶超他人的攀比心理、因遭受坎坷过度弥补自己的补偿心理、沉迷于一步登天的侥幸心理等，都是贪婪心理衍生或放大的产物。其实，对物质的追求不过是人们对美好生活的一种向往，可以看作一种自然的心理驱动和正常的社会行为。但是，这种渴望一旦被功利心或虚荣心所驱使时，一个人内心的贪婪就会不断膨胀，他也就会逐渐沉迷于物欲。

当人们醉心于物欲中时，就会不断放大自己的贪婪，一旦他们无法满足自身的欲望，就很可能不再恪守人类的道德，遵守社会的法律，从而对自己、对他人造成伤害。比如因在电视上见到有人买彩票中了 500 万，一些人便在侥幸心理的促使下，长期购买彩票，导致债台高筑；羡慕他人的衣物、手机等价格高昂的物品时，一些人因没有能力满足自身欲望，就选择盗窃他人财物，导致自己受到法律的制裁。

那么，当我们面对生活中的物质诱惑时，该如何正确地控制自己的欲望呢？

1. 认清商品的实际价值

在现实生活中，所有的消费都是为人们更好地生活而服务，其本质在于人。如果消费行为给我们带来的焦虑感大于愉悦感，我们不妨停下来，冷静地思考一下，当下的物品对自己而言是必需的吗？对自己有没有真正的意义？

比如，一款价格高昂的口红，你可以问自己它对自己而言是不是必需的？它能不能满足自己真正的需求？所以，我们不能为了虚荣而盲目消费，一款奢侈品并不能使你的生活产生质变，反而会无端增加自己的经济压力。况且，一个人的价值并不体现在表面，而在于自身的能力。就像一位女孩所说："我很少买名牌，因为并不是一件奢侈品穿在身上就能体现自己的价值，而应该让衣物因为自己而有价值。"

2. 保持平常心

英国著名作家萧伯纳说："人生有两种悲剧，一种是欲望不能得到满足，另一种是欲望得到满足。"对欲望盲目地追求，往往会使我们迷失自己，所以，保持一颗平常心是控制欲望最好的方法。

保持一颗平常心能够帮助我们认清现实，认清享受生活并不一定要依靠物欲的满足，而是性情的恬淡和安然。就像马特·海格所说："当你身处深渊底部时，永远都不会有清晰的视野。如果能够放稳心态，平衡情绪，生活也许就会豁然开朗。"

3. 拥有一个自己的兴趣爱好

一个适合的兴趣爱好，能够使人们的闲暇时光多一份美好，无论是游泳、跑步，还是下棋、唱歌，都能够调节我们的生活节奏，愉悦身心，将内心的欲望抛之脑后。

6
你还能接受没有物质的爱情吗

电影《小时代》中有这样一句台词："没有物质的爱情就像是一盘散沙，都不用风吹，走两步就散了。"虽然我们不能否认金钱在爱情里的地位，毕竟给不起面包，爱情维持不了多久，但是一些人却因为虚荣心作祟，而盲目追求物质。比如有女孩觉得自己嫁给有钱人会很有面子，进而无限夸大了物质在爱情中的作用。

《傲慢与偏见》中，班纳特一家中的小女儿莉迪亚空有一副令众人艳羡的皮囊，她爱慕虚荣，总是对爱情充满了不切实际的幻想。韦翰是一个彻彻底底的伪君子，他所拥有的一切都源自达西的支持，但他的内心却毫无感激，甚至编排各种谎言，通过贬低达西来提高自己。

韦翰因赌博欠下了高额赌债，打算一走了之，却发现莉迪亚被自己深深地迷住了。于是，他带上了这个愿意死心塌地跟随自己的美女一起出逃。两个人的私奔，对韦翰来说，不过是一场躲避赌债的逃亡，与爱情和婚姻无关，但莉迪亚却将其看作一场轰轰烈烈的爱情。虽然，两个人最终还是成为夫妻，但两人性格上的缺陷也预示了婚姻的结局。果不其然，捉襟见肘的经济状态使得他们的婚姻走到了尽头。而这场悲剧的根源，就是在于莉迪亚只着眼于表面，而忽略了分辨真伪的能力。

对每个人来说，缺乏物质基础的爱情也许会被现实打败，但看重物质而忽略彼此之间感情的爱情，一定会输得很惨。

在现实的洪流之下，太多的人将目光集中在物质之上，也就导致了所谓的"拜金主义"。相较于爱情，很多人更愿意追求和享受物质，然而，人们为什么会出现这种心理？

1. 外界的影响

"拜金"虽然是一种个人行为，却深受大环境的影响。网络上流传的"我宁愿坐在宝马车里哭，也不愿坐在自行车后面笑"的话题，父母不断灌输"嫁个有钱人"的观念，居高不下的房价以及沉重的生活压力，无一不在刺激着人们的神经。这些来自外界的信息不断对我们进行暗示和煽动，就很容易促进"拜金心理"的产生。

2. 自我补偿

有的人出身贫寒，见识过太多"一分钱难倒英雄汉""贫贱夫妻百事哀"的事情。为了避免自己遭遇这样的困境，他们会将金钱看得十分重要。于是，相较于爱情，他们往往会更趋向于物质，尽力去"傍富"来改变自己的命运。

3. 缺乏安全感

一些人盲目追求金钱，将其视为人生中的最高价值，在一定程度上是由于内心缺乏安全感。从心理学角度分析，当一个人从小缺少父母的关爱，就会变得自卑，从而缺乏安全感。在现实生活中，金钱能够带给人足够的安全感，这也就导致了这类人需要追求金钱来填补内心的空虚。

4. 攀比心理

在现实生活中，高强度的生存压力会造成强烈的物质需求，对于某些人来说，他们一旦体会到金钱所带来的虚荣感，就很容易被唤醒内心的贪婪。而贪婪的欲望是没有尽头的，他们也就会在不断攀比中变得越发渴望金钱和物质。

这也就导致了很多人将青春和美貌作为对人生最大的一次投资。对于爱情而言，他们更相信到手的既得利益，将本该长久的婚姻变成一场"以貌换财"的交易。然而，这种爱情往往就只剩下了一个躯壳，空有一个华丽的外表。

爱情能够带来幸福感，但不断消退的激情终有一天会被匮乏的物质所累。然而，抛弃爱情，选择物质，也会存在被物质所抛弃的风险，毕竟，谁也无法保证掌握绝对物质使用权的伴侣，能够一直忠诚下去。那面对物质和爱情，我们到底该如何做出选择呢？

当我们需要在爱情与物质之间做出选择时，我们可以问问自己，究竟需要的是什么？物质是婚姻的基础，但即使拥有良好的物质条件做支持，也无法保证一段婚姻能够圆满。爱情也是如此，"相爱一时容易，相爱一世很难"，所以，在这种过程中，还是需要彼此共同成长。

我们选择了爱情，就不要总是用他人的生活质量作为标准，不停抱怨生活的艰辛，我们所需要的是，在享受爱情的同时，努力去争取自己所向往的物质。我们选择了物质，也不要在空虚的生活中羡慕他人的爱情，应该尽力去经营自己的爱情。对于物质而言，我们更应该考虑对方的进取心和获得物质的能力，而不单单只着眼于当下对方所拥有的物质。如果一个人拥有明确的未来规划和行动，那不妨在共同成长的过程中收获物质和爱情。

其实，有时候我们并不需要做出选择，我们要明白，如果一味地将物质或爱情寄托在对方身上，一旦对方吝啬为我们付出，那我们就什么也不会剩下。我们要做的，更多是争取自己的"面包"，等待"牛奶"的到来。

7

凡事一定要争第一吗

谢赫·穆罕默德曾说："在这个世界上，没有人会记得第二名。"的确，第一名所获得的荣耀是更为瞩目的。然而，这种观念往往会催生出一种凡事都要争第一的心理，导致人们在与人相处的过程中，特别在意自己的风头是否能够盖过全场的所有人，使自己成为聚光灯下的人物。

有这样一个心理咨询案例：一个男孩性格开朗、积极阳光，不过，他对于任何事都追求完美，凡事都要争第一，好胜心极强。他从小学开始就一直担任班里的班长，成绩也一直名列前茅。他对医生说："我是一个不折不扣的好学生，学习成绩好，而且非常听老师和家长的话。我从来没有在家长不同意的情况下偷偷去网吧上网，从来都是尽全力去做老师安排给我的任务。"

当他得到别人的认可时，会很开心，然而，一旦有人在某方面超过他，他就会开始出现焦虑、紧张等情绪，并试图通过不断的努力超越对方。可是，如果自己无法超越对方，就会感到挫败感，并对自己的能力产生怀疑。

好胜心是一种十分普遍的心理，能够使人在不断前行的过程中寻求更高的目标。但是，好胜心过强，凡事都要争第一的心理，往往会让我们在生活中无法正确面对自己的失利，从而变得消沉、悲观，甚至出现心理疾病。那么，是什么样的心理导致了我们凡事都要争第一呢？

1. 完美主义

完美只是一个理想中的目标，无论我们如何努力，只能无限接近完美，却无法触及它。追求完美在一定程度上，能够促进我们不断提升自己、完善自己、成就自己。当这种追求变得极端，就会蜕变成完美主义，使我们在生活中一味追求完美。这会使我们认为，凡事只有做到最好才能为我们带来名声和荣誉，才能赢得无数赞赏的目光。尤其是一些在某领域取得过较高成就的人，他们往往会担心自己所发表的文章内容不具备划时代意义，就会影响到自己的声誉和公众对自己的评价。

2. 担心被人瞧不起

当一个人缺乏对自我的肯定时，就会渴望通过自己的表现来获得他人的认可，体会自我价值感。这也就意味着，他们往往将目光放在常人无法达到的目标上，超越他人，获得某方面独树一帜的成就，用外表的强大来掩饰内心的脆弱。

然而，好胜心极强的人往往更容易遭受打击，一旦遭受失利就很可能因沮丧而悲伤，而且，内心的不满足会导致他们无法真正感到幸福和快乐。一味地争强好胜不利于团队的合作，无法通过自己努力而促使整体的实力提升，反而会因为恶性竞争导致无法妥善处理同学或同事之间的关系。如果我们不能很好地融入集体，在一定程度上会失去自身发展与创新的助力。

1. 正确看待成败

成功是我们梦寐以求的彼岸，在追求成功的过程中，能够正确看待失败是一种勇气，更是一种智慧。姚明曾在《朗读者》

节目中讲述了一段亲身经历的往事：在 2000 年悉尼奥运会的时候，他突然在宿舍楼中听到一阵哭声，他说："后来，我知道那是有人在最后一刻被刷掉了。他们付出了同样的代价和心血，他们是失败者吗？不，体育本身就是一种竞争，每一个人的成功，都意味着无数人被淘汰或失败。"姚明表示，成功和失败同样具有价值，伟大的成功都是由失败所成就的。而这种信念，也陪伴他走过了人生最艰难的岁月。

所以，我们要正确看待成功与失败，无论成功，还是失败，都只是暂时的。如果我们将失败看成是暂时的，我们将获得成功；将成功看成是暂时的，我们会取得更大的成就。

2. 凡事尽力就好

当我们在努力之后，却没有达到自己的预期时，我们要告诉自己，凡事尽力就好。任何事都不需要追求完美，只需要看到汗水，那是永远隐在差距之中等待未来创造的奇迹。就像英国政治家狄斯累利所说："当一个人全心全意追求一个目标，甚至愿意以生命为赌注时，他是所向无敌的。"

3. 不必在意他人的眼光

别人对你的轻视，并不是让你放弃的理由。不用太过在意他人的眼光和评价，因为你的世界与他们毫无关系，他们只是你人生中的旁观者。所以，在生活中，我们要善待自己，努力活成自己喜欢的样子，做一个让自己喜欢的人。

8

荣誉是个好东西，但不要过分看重

荣誉，是指外界对人们的某种行为所给予的尊重、认可和奖赏。古语云："君子疾没世而名不称焉。"意思是说，一个德行高的人往往会担心自己死后没有留下好名声。由此可见，古人对荣誉的极力追逐。

现在的人也一样崇尚荣誉，甚至有些过分看重荣誉，学历造假、塑造人设等事件层出不穷。比如某大学博士涉嫌学术造假，某明星因参与某项建筑活动而谎称自己是工程师等。

每个人都应该看重荣誉，因为它是社会对一个人取得的成就或品格的一种高度评价。然而，越来越多的人开始过分看重荣誉，看重荣誉背后的名声和地位，甚至为了一己私利，沽名钓誉。

过分看重荣誉的人心里究竟在想什么？

1. 渴望得到关注

荣誉代表外界对一个人的肯定和评价，而过分在意荣誉，就意味着他们对这种肯定和评价存在强烈的需求，所以，这是一种渴望获得关注和肯定的心理。同时，荣誉可以作为自我认同的依据，对提升自我价值感存在不容忽视的作用。

当一个人处于童年时期时，他们会期望得到父母或周围人的关注和肯定，这是人类早期建立自我价值感的主要方式，如果父母经常给予孩子肯定、表扬，就能够提升孩子的自信心，感受到自己的价值。如果孩子在成长的过程中无法获得足够的认可与赞美，就会导致他们的自我评价过低，无法认识到自身的价值，从而导致日后渴望通过某种荣誉而认同自我价值。

2. 缺乏安全感和归属感

人是一种群居动物，我们需要依附群体来获得安全感，希望和他人建立良好协作关系以获得归属感，这是一种正常的心理倾向。但每个人对安全感和归属感的需求要存在一个度，如果无法真正在心理上独立，就无法找到真正的自己，从而需要不断确认荣誉，确认自己在他人心中的地位，来获取安全感和归属感。但是，需要依靠他人来证明自己的存在和价值无疑是可悲的。

3. 满足虚荣心

对荣誉的过分看重，对成功的畸形渴望，都是虚荣心在作祟。荣誉能够给人们带来鲜花和掌声，同时也能收获外界称赞和羡慕的目光，使得人们的虚荣心得到极大的满足。然而，对这种虚荣的盲目追求，就会导致人们过分在意虚荣。

荣誉是一个人自我价值的体现，也是最容易牵绊我们的东西。如果我们过分看重荣誉，就会让我们陷入荣誉的陷阱中。

瓦伦达是一位走钢丝的大师，为人们奉献出了无数次精彩的表演，却在一次万众瞩目的表演中失足而死。他的妻子在接受采访时说道："他之前在表演的时候只关注自己如何完成表演，而并不担心结果如何，所以，每次都能取得成功。可是，在这种场合的压力下，他太看重荣誉了，临上场时还在反复地强调：'只能成功，不许失败！'结果，这次就把命丢掉了。"

　　一个人过分地看重荣誉，是因为在享受他人艳羡的目光时，他能够产生强烈的愉悦感，但是一旦遭遇他人的质疑，就会感到与之相应的痛苦，前后两者的落差，很容易打击我们的自信心，使我们变得消极。那我们该如何正确地看待荣誉呢？

1. 辩证地看待荣誉

　　一般来说，荣誉与一个人的能力和成就是相对应的，但也不尽然，有些人做出的贡献超过了自身所获得的荣誉。一个人的荣誉能够体现其个人价值，但远远不能概括其自身全部价值。所以，我们要辩证地看待荣誉，不能执着于一点，不仅要看到现在的荣誉，也要看到将来的成绩。

2. 发展地看待荣誉

　　荣誉，是一种"过去式"，是对一个人以往成绩的肯定，却不能为他的人生保驾护航。面对荣誉，很多人会感到满足，认为自己功成名就了，于是，他们就抱着这份"荣誉"等待安乐死。过分看重当下的荣誉会消磨掉一个人的进取心，使荣誉快速风化，直至消失。

所以，我们要用发展的眼光来看待荣誉，无论我们曾经取得了什么样的成就，自身总会存在缺点和不足，如果一味醉心于当下的荣誉，就无法看到自身的缺陷，这便会对自己的发展产生不利影响。

3. 坦然地看待荣誉

当别人超越我们时，我们应该给予对方应有的尊重，而不要嫉妒对方获得的荣誉，甚至做出诋毁对方的行为。真正的强者不甘于落后，也不耻于落后，对于他人的优点，我们既要懂得学习，又要努力超越对方，在比较中不断提升自己的实力。

对于我们而言，荣誉只是一个新的起跑线，将荣誉作为鞭策自己前行的动力，使自己不断地进步，才是对待荣誉的正确态度。

9
追求金钱，但不唯钱是图

唯钱是图的人，一切只为了达到自己的目的，让自己获利，为了金钱不择手段。在现实生活中，这种唯钱是图的现象层出不穷。

网上曾有过传闻，某小区的一位男子公开殴打自己的宠物狗，狗被链子锁住，避无可避，惨叫连连。一名围观群众于心不忍，花费 3500 元从男子手中买下了这条狗。然而，根据周围小区群众的爆料，男子这种惨绝人寰的行为已经不是一两次了，他经常购买宠物狗，当众殴打，直到爱狗人士以高价从他手中将狗买走为止，以牟取暴利。在他的心里，没有良知，也没有人性，只有满足自己欲望的金钱。

一夜走红的"大衣哥"长期遭受村民的骚扰，最近，"大衣哥"家的大门被人强行踹开这事又将这位沉寂已久的"网红"送上了舆论的顶峰。自从"大衣哥"出名之后，村里的每个人都想从他的身上捞一笔，娶媳妇、买房子、买车子，甚至做生意赔了钱，都向"大衣哥"借钱。然而，这些借出去的钱，却一分都没有收回来。"大衣哥"曾经为家乡修了一条公路，却有人表示，自己家连车都没有，修路有什么用，并以此强烈要求"大衣哥"为他们家买一辆车。更过分的是，为了从他身上榨取更多的利益，甚至有人扬言，只要他敢搬家就刨了他家的祖坟。

那么，人们唯钱是图究竟是一种什么心理？

1. 嫉妒和攀比的心理

从心理学角度分析，嫉妒心理是一种警示，提醒并促使我们成为像对方一样的人。然而，很多人无端将这种嫉妒心理放大，当他人因自己精致的生活而获得所有人羡慕和赞赏的目光时，就会使他们产生被忽视的感觉，认为自己的利益遭到了破坏。于是，嫉妒心理导致人们过度追求金钱，逐渐出现攀比的行为。更多时候，他们不满足于现状，渴望更多的金钱来提高自己的生活水平，而且，他们不会在意过得比自己还要不如意的人，也不会环顾周围那些与自己拥有同等生活水平的人，他们的眼睛往往盯着过得比自己好的群体。在这种情况下，他们很难体会生活中知足常乐的幸福感。

2. 补偿心理

"穷怕了"的感受，源自童年时期的贫穷经历，是一种基于经济条件差而产生的匮乏感。这种匮乏感不仅仅是停留在物质上，还会在潜移默化中对人们的心理产生影响。当一个人不需要再为物质而烦恼的时候，很可能会出现一种补偿心理：追求极端的消费，来填充内心对物质的匮乏感。长此以往，这种欲望就会变得扭曲，对金钱的渴望也就变得更加强烈。

《北京爱情故事》中的杨紫曦就是这样一个例子。她在中学时代非常喜欢一款鞋，而父母因价格昂贵拒绝了她。这就导致了她成年之后，对鞋子出现了一种近乎疯狂的渴望。当自己的经济实力无法满足欲望时，她开始追求一个富二代，对金钱变得痴迷。

在现实生活中，很多人总是将金钱作为回报的标准，然而，对工作而言，你的努力并不是只收获了金钱，还有经验、技能、知识、人脉等各方面的回报。如果你一味奉行金钱至上，那就意味着你可能会失去除了金钱之外的一切。有些人为了金钱，不惜铤而走险、违法犯罪；有些人为了金钱，不惜与手足亲朋反目成仇。然而，金钱本身并不存在善恶，一切都是人们内心欲望催化的结果。

金钱是生存的"必需品"，也是唤醒内心欲望的魔鬼，我们应该如何看待金钱，才能避免成为金钱的奴隶呢？

1. 认清金钱的价值

金钱只是一种价值交往的手段。人们挣钱和消费都是为了满足自身需求，是以人为本体。无论财富的多寡，本质上都是为人们服务的，如果我们过度追求金钱，就很可能丧失人格和自由，成为金钱的奴隶。就像哲学家伊索所写："有些人因为贪婪，想要得到更多的东西，结果把现在的都丢失了。"

2. 划清是非界限

很多人都认为："有钱能使鬼推磨。"但是，有太多东西是比金钱更具有价值的。比如理想、健康、人格等，都是无法用金钱来衡量的。你能买到学历，却买不到知识；你能买到婚姻，却买不来爱情。总之，它也许能够买到人们生存所必需的一切物质，却无法买到一个真实且有意义的人生。所以，对于金钱而言，我们要懂得用之有益、用之有度。

3. 君子爱财，取之有道

对每个人来说，金钱确实存在莫大的吸引力，但是，如果我们盲目追求金钱，就很可能误入歧途，成为一个金钱的奴隶，甚至走上违法犯罪的道路。俗话说："君子爱财，取之有道。"我们应该脚踏实地，通过自己的努力去获得金钱，让自己能够心安理得。

所以，对待金钱，我们一定要保持一颗澄明的心。只要我们能够树立正确的金钱观，就一定能够找到自己的人生方向，拥有美好的生活。

10
善于管理自己的欲望

《说谎的女孩》讲述了两个被收养的女孩之间的故事：莫伊金被一对富豪收养，过着衣食无忧的生活，她喜欢结交各种各样的朋友；朱尔却没有这么幸运，她的生活十分清贫，养父母也无法给予自己足够的关爱，于是，她逐渐变得虚荣且敏感，一直依靠谎言来掩饰真实的生活。

偶然间，朱尔与莫伊金的母亲相识，并给莫伊金的母亲留下了不错的印象。由于需要照顾瘫痪的丈夫，莫伊金的母亲只能委托朱尔找到莫伊金，将她带回家。在假装偶遇之后，朱尔和莫伊金成为好朋友，她开始穿莫伊金的衣服、戴莫伊金的首饰、模仿莫伊金的言行，而这一次非同寻常的体验为她打开了新世界的大门。在欲望的驱使下，她从羡慕变成了嫉妒，最后演变成嫉恨。

莫伊金看清了朱尔的虚荣和谎言，决定放弃和她做朋友，朱尔竟残忍地杀害了莫伊金，盗走了莫伊金的身份，伪造了遗书，将她的财产全部划到了自己名下。

无论什么方式的虚荣，其根源都来自一个人的欲望，即因缺乏某种事物而想要获得满足的渴望。贪婪、嫉妒等欲望随着个体生活条件的提高而膨胀，人们希望拥有更多的财富、更高的地位、更大的名望，以满足自己的某种精神需求，或优越感，或满足感，或虚荣心，一面不停地占有，一面不停地恶性攀比。

不同的人存在不同的欲望和需求，有的人热衷于美食，有的人沉醉于情色，有的人对精神的需求格外强烈……按性质来讲，可以分为三种欲望：第一种为本能欲望，是人类生存的需要，如食欲、性欲等；第二种为后天欲望，是为了享受而形成的习惯，如吸烟、喝酒等；第三种为高级欲望，是对精神满足的依赖感，如社会满足感、虚荣心、自我精神满足感等。

其中，高级欲望是最严重影响人们心理的欲望。不同于本能欲望和后天欲望，我们无法获知它的上限，随着自身需求不断被满足，这种欲望会越发强烈，难以满足和控制，直至将自己拖入违法犯罪的深渊。

但欲望并不只是我们的拖累，如果正确管理自身欲望，反而能让它成为我们拼搏的动力。丘吉尔曾说："我的成功是因为虚荣心。"在英国下议院，他向一名年轻的议员问道："年轻人，你知道是什么东西支撑我在各方面都取得了如此巨大的成就吗？"对方激动且恭敬地聆听他的教诲，丘吉尔说："虚荣心，强烈的虚荣心。"谁不想站在聚光灯下，成为万人瞩目的主角？但只有化虚荣为动力才能创造奇迹。

如果无法正确管理自己的欲望，我们在见到别人的成功时，原本压抑的虚荣心理就会逐渐变得阴暗和狠毒，并开始为了满足自己的欲望不择手段。

影响欲望控制的因素包括内在因素和外在因素。内在因素是指一个人的精神、心理和情感因素，比如，一个人开心时就能够合理控制自己的欲望，但难过时就变得很困难；外在因素是指外界诱惑的强度。针对这两种因素，想要控制自己的欲望，我们可以从以下三个角度出发：

1. 游离思想

一个人的注意力是有限的，当个体注意力高度集中的时候，仍然会存在游离思想。当我们在关注自身欲望时，不妨将脑海中的游离思想放大，慢慢降低对自身欲望的需求程度。比如当我们十分渴望某一个美食时，我们可以利用自己的游离思想，将注意力转移到另外一件事情上，如新买的鞋子不错、房间该做清理了等。这样，我们内心的欲望就会逐渐平息，被其他事物所替代。

2. 外界刺激

心理学家丹·艾瑞里研究发现："当人体通过发射信号让大脑抵制欲望时，两者会僵持不下，如果增加一些外界的约束制约或奖励刺激的话，就很容易实现。"比如，两个计划减肥的人，一个人没有外界干涉，只是凭借个人意志力来完成减肥这件事；而另一个人拥有指导教练和监督人员，通过制订合理计划和监督来督促减肥计划的实行。当他在减肥过程中遭遇瓶颈时，相关人员会及时为他做出调整。结果显示，后者的减肥成效要远远优于前者。

3. 学会自律

很多人难以管理自身欲望并不是自身能力不足，而是不够自律，缺乏自控能力。无论外在因素还是内在因素，都需要自制力来警示自己。当一个人的自制力产生效果时，他的脑前额叶皮质也会变得活跃，当我们让大脑慢慢形成一种习惯时，就能够更好地管理自身欲望，做到自律。

一个人的欲望是多方面、多层次的，我们可以尽量满足高层次的欲望追求，但一定要用正确的伦理标准、健康的生活方式来规范自己，控制欲望在利于人生发展的轨迹上运行。欲望是天使，也是恶魔，只有理性才能使它散发耀眼的光芒。

11
趣味心理测试：金钱观

测试题目：

1. 学生时代，你是一个狂热的追星族吗？

是——2

否——3

2. 你是否容易从事底薪加提成的工作？

是——4

否——5

3. 你是否会将喜欢将昂贵的物品作为自己的生日礼物？

会——2

不会——5

4. 你的手机中有记录消费账单的软件吗？

有——6

没有——7

5. 当你打算去超市购物时，你会列出购物清单吗？

是——6

否——4

6. 当同学聚会需要交纳1000元聚会资金时，你会参加吗？

会——7

不会——9

7. 你身边家境优越的朋友多吗？

多——8

不多——9

8. 当你决定去旅行时，会选择独自出行还是跟团旅游？

跟团——10

自由行——11

9. 当你逛街时，发现一眼相中的商品会马上购买吗？

会——8

不会——10

10. 你认为电影一定要去电影院看吗？

是——11

不是——12

11. 换季时，你是否会购买大量应季服装？

是——类型 A

不是——类型 B

12. 你是否喜欢听音乐会？

是——类型 C

否——类型 D

测试结果：

类型 A：超前消费者

"活在当下"是你的信条，你不会在意过去的得失，也不会为遥远的将来担忧，"今朝有酒今朝醉"是你的生活状态。如果钱能够解决问题，你就不愿耗费体力或通过其他方式来处理问题。在你看来，生活只要吃得开心、玩得开心，消费也是物有所值的。信用卡是支撑你生活得潇洒且舒适的必要工具。但是，如果消费过于超前，在遭遇变故时很可能会出现捉襟见肘的情况。

类型 B：月光族

你是一个懂得享受生活的人。在你的眼中，人生只有一次，开心比什么都重要，只要你有能力，就不会在生活中亏待自己。但是，你也有自己的底线，那就是一切消费都在自身承受范围之内，你拒绝超前消费，因为那会令人丧失安全感。自己赚的钱花起来也会理直气壮，即使高昂的奢侈品也不在话下。你不会超前消费，但也没有存款，有时候也会遭遇超前消费者所面临的困境。

类型 C：计划消费者

你是一个理性的人，对金钱使用有自己的规划。你能够将自己的生活打理得很好，既讲究质量，也不会为自己增添太大的经济负担。在没有太大实用价值的奢侈品面前，你拥有强大的定力，不会因为拥有一定的经济实力而放纵自己。有计划地开支，有计划地结余，会使你逐渐积累一笔不小的财富。

类型 D：节约消费者

金钱是你安全感的来源，所以，你不仅会努力赚钱，在生活中的开销也是能省则省。当某段时间的开销远远高于平常时，你就会感到焦虑，并计划从日常消费中填补这一段时间的开销。但这样会使你活得很累，所以，如果自己拥有一定的经济能力，不妨为自己提升一点儿生活质量。

第六章　减少盲目比较，摆脱虚荣带来的焦虑

1
横向比较导致心理失衡

随着互联网的普及，在朋友圈中分享自己的生活已然成为一种常态。很多人会下意识地浏览朋友圈，关心一下最近发生了哪些事，身边的人过得怎么样。朋友圈中的一些人总是晒美食、晒旅行、晒工作，他们都有着精致的生活，有着令人羡慕的人生，我们这种下意识地浏览、了解他人生活的行为，反而会将自己搞得心烦意乱，尤其是与自己站在同一水平线上的人。

一位刚毕业的姑娘到一家新公司上班，由于租的房子与公司太远，她每天需要花费很多时间在路上，母亲心疼孩子，就在公司附近为女儿全款买了一套房子，并叮嘱女儿不要将这件事告诉别人。但是，她却认为自己没必要和朋友遮遮掩掩，开心的事情就是用来分享的。然而，朋友们只是表面替她高兴，背地里却议论纷纷，于是，"被包养""傍富""拜金"等风言风语开始在公司里流传。她十分难过，之后再也没有提过这件事。她不知道为什么身边的朋友不为自己高兴，反而在背后诋毁自己。

在现实生活中，这种情况十分常见，就像在学生时代，我们会因为同桌的成绩比我们多 10 分而感到失落，却不会因为第一名比我们多 100 分而感到沮丧；我们会嫉妒朋友找到一个优秀的女朋友，却不会对偶遇的情侣心生波澜。能让我们黯然的，都不是擦肩而过的路人，而是近在咫尺的人们。

从心理学角度分析，这种情况的产生源自横向比较所导致的心理失衡。横向比较，指的是同类的事物进行的比较，意思就是说，两个人的出身、经历、能力、地位等差距越小，就越容易产生焦虑和嫉妒情绪。举一个最简单的例子，对一个乞丐来说，比起去嫉妒比尔·盖茨，他更可能会去嫉妒另一个比他有钱的乞丐。

当一个与我们差距不大的人取得了成功时，就意味着我们在某些方面已经受到了威胁。在相同的基础上，我们拥有的是一种唯一且有限的资源，如果突然有一个人变得优秀，就会导致我们所获得的资源减少，从而担心被淘汰。这也就是为什么我们不会因陌生人的成功而感到焦虑，因为双方的生活没有交集，资源没有互通而已。

而且，对方的成功会侧面衬托出我们的弱小和无能，所带来的突如其来的压迫感会使我们的焦虑、紧张等负面情绪打败理智。于是，我们就会产生如何抢夺更多资源的想法，甚至出现将对方拉回同一阶层的恶劣行径。比如当两个家庭都能额外获得 100 元时，双方都不会有负面情绪，然而，如果一个家庭获得 100 元，而另一个家庭获得 150 元，那么前者就可能宁愿自己不要额外的 100 元，也不能让后者比自己多50 元。

这种行为也是一种不自信的表现，盲目地嫉妒他人，会让我们在潜意识中回避自己的缺陷和问题，将对自己的不满全部发泄在比自己优秀的人身上。

那我们该如何避免因横向比较而导致的心理失衡呢？

1. 培养双赢思维

我们要认识到导致嫉妒心产生的内心需求，将自己的注意力转移到如何满足自己的需求上。比如一位与我们同期进入公司的同事，资历和能力都和我们相差无几，然而，对方却率先升职加薪。我们之所以会妒忌，就是因为产生了渴望升职加薪的内心需求。

我们要学会分析自己工作上的不足，是否忽略了某些细节问题或向他人请教关于工作的经验，重新向着自己的目标努力。如此一来，我们就将内心的不平衡感转化为一种行动力。

2. 自我比较

当我们心理失衡时，可以尝试有意识地放空大脑，将恐惧、焦虑、嫉妒等负面情绪清空，重新将注意力转移到自己身上，关注自身能力的提升。当我们习惯性关注自己后，外界的信息就很难打破我们的心理平衡，从而对自己的优势与不足有一个明确的认识。就像《蒋勋细说红楼梦》中的一句话："人跟人之间所有的嫉妒，其实都是欣赏。"而我们需要做的就是，将这种欣赏变成自我成长的力量。

3. 客观地看待自己

有时候，当你在羡慕别人的时候，对方也可能在羡慕你。

你当下所拥有的烦恼，也许是他人所奢望的幸福。电影《邻居的窗》中讲述了一对中产阶级家庭通过窗户窥视一对年轻情侣的故事。中年夫妻十分羡慕对方充满精力的生活，然而，当邻居的男主人不幸病逝时，他们赶去安慰对方，才发现原来对方也一直在羡慕他们儿女成双的美满生活。

所以，我们要懂得调整自己的心态，横向比较可能会导致个体心理失衡，出现攻击或诋毁行为，这不但会对他人造成不利影响，还会使我们正常的人际关系出现障碍。

2
你想要的不是幸福，而是比别人更幸福

网上曾有一句心灵鸡汤这样说："当你抱怨自己没有鞋穿的时候，回头望一眼那些没有脚的人，你就会感到幸福。"然而，很多人都是这样，只有在比较之后获得优越感时，才能感觉到幸福。

一个男人拿着刚到手的年终奖，在回家的路上满心欢喜地计划着，给老婆买一件礼物，给自己买一双鞋，给孩子买一个心仪已久的玩具……这时候，他突然接到了好朋友的电话，对方开心地说道："兄弟，今天晚上聚一下吧，我请客。真没想到，我们公司年终奖居然发了3万块……"

他并没有听完对方的话，感觉心情一下子坠入了谷底，谎称自己已经有约在身，匆匆挂断了电话。他情绪低落地回到

家中，原本的计划也随之取消了。

在现实生活中，大多数人的幸福似乎只出现在优于他人的基础上，就像某个电影中所说的："我正饿着呢，你手里拿着肉包子，那么你就比我幸福；你正内急，就一个茅坑，我蹲占了，那么我就比你幸福……"

为什么很多人想要的幸福只是比别人更幸福？从心理学角度分析，这种认知源自这些人内心的自卑，他们缺乏自我认同，期望通过与他人比较来获得优越感。其实，每个人生来都具备一定的优越感，然而，我们总是以一种羡慕的眼光去过度关注他人的美好生活，将其理解为幸福，而下意识忽略自身所拥有的幸福。所以，我们只是在用他人的概念来做"自己"。

林奕华在给香港大学的学生教授通识课时，播放了两则房地产广告：一则画面中是一间极奢华的房子，一位女士穿着晚礼服坐在钢琴旁，优雅地弹着钢琴，喝着咖啡。她站起身走向窗前，向外望去，星光满天；另一则是一位女士跟随朋友参观对方的房子，豪华冲浪按摩浴缸，宽敞大气的衣帽间，全套声控家电……她在拍摄的时候，脸上露出了羡慕和嫉妒的神色。

林奕华询问学生们的观后感，大多数学生艳羡她们的幸福生活。然而，林奕华却表示："我只看到一个博物馆和一个美术馆，我没有看到一个家。每个家都有不同的个性，就像世界上没有两个一模一样的人。"

更多时候，我们想要的不是幸福，而是比别人更幸福。我们总是幻想拥有跟他人一样的生活，享受其中的诸多美好。然而，这却只是一种自欺欺人的生活方式。

《生命的意义》中曾提到："即使在集中营这样极端的环境中，每个人仍有选择自己心态的权利，这是人最后的自由。"其实，对于幸福而言，一个人的外在因素固然重要，但他们看待世界、看待自己的方式，才是令人感到抑郁或幸福的根源。

作家张小娴说："人总爱跟别人比较，看看有谁比自己好，又有谁比不上自己。但其实，为你的烦恼和忧伤垫底的，从来不是别人的不幸和痛苦，而是你自己的态度。"

世界上没有完全相同的两片叶子，也没有完全相同的两个人。既然每个人所拥有的资源都不同，那么也就意味着"比较"从一开始就失去了公平，那么"比较"的结果还有什么意义呢？而且，通过比较而获得的优越感存在时效性，前一秒你可能在为超越一个人而感到幸福，下一秒就又可能因为见到另一个人而黯然神伤。所以，一个人的幸福，并非源自比较，而来源于内心的满足。

幸福其实很简单，只不过在现实社会的影响下，我们为它穿上了太多的"衣服"。住在深山的人们，虽然没有太多的金钱，但是却因为没有过多的欲望而生活得悠然自得。在他们眼中，幸福就是一天的温饱，家人的健康。我们之所以感觉生活艰难，就是因为对生活有一个过高的期望，我们总是希望能够达到他人的生活水平。生活就像是一碗用来解渴的水，有些人喝一碗白开水就感到满足，而对有些人而言，即使是蜜水，他们也会奢望再加一点儿枸杞或人参。

上海有一位名叫沈巍的"流浪大师",是一名网络上的红人。他推崇垃圾分类的理念,在上海市独自流浪20多年,一直在大街上捡垃圾,对垃圾进行分类。平时,他靠乞讨和救济生存,经常在立交桥和地铁站中过夜。但是他却感到十分幸福,在20多年里,他从来没有感觉到生活的苦。

所以,幸福并不是比出来的,我们不能将眼中的表象和内心的真正追求画上等号。幸福是一种感受,是一个人内心真实的渴望,无法用物质来替代,也无法被他人轻松夺走。真正的幸福是一种藏在心底,让你感到踏实和满足的东西。

3
再优秀的人内心也会藏着一点儿小自卑

即使再优秀的人内心也会藏着一点儿自卑,一个成绩优异的人,可能会因为性格内向而自卑;一个外貌出众的人,可能会因为人际关系差而自卑;一个成绩优异且外貌出众的人,也可能因为见到一个更完美的形象而感到自卑。

中国女子网球名将李娜在接受采访的时候表示,自己其实是一种很自卑的人。很难想象如此强势的女人内心居然会感到自卑。记者采访时问道:"中网比赛的时候,你说你甚至想要逃走?可是在开赛之前,你是想赢的啊?"李娜回答说:"赛前是想赢,可是当走到中心场地的那一刹那,我连迈开步子的勇气都没有。"

在另一场采访中，记者问道："每次网球比赛间隙，你都会读一些小字条，那上面写了什么？"李娜总是回答，是比赛战术，以及一句"相信自己，你一定能做到"。这句话是在李娜上场比赛之前写好的，是场下的自己对场上的自己的激励，她需要这种激励，来克服自己内心的自卑。

自卑的产生源自比较，如果我们总是和能力不如自己的人相处，处处体现自己的优势，那我们将收获大量的优越感，变得更加自信，甚至出现骄傲自大的情况。但是，如果我们的身边总是围绕一些比自己优秀的人，我们就会因处处比不上别人而感到自卑。

心理学上有一个术语为"对攻击者的认同"，是指一个人会通过认同攻击者，而将他们的攻击行径内化为自己的缺陷。比如为了关心孩子，大多数家长都拼尽全力为孩子遮风挡雨，他们经常说："你做不好，我来吧！""你洗不干净，我来洗吧！"……然而，这种互动方式是在无意识地攻击孩子："你什么都做不好，什么都不会。"长此以往，孩子会逐渐认同和内化这种攻击，并出现认知偏差，认为自己除了优异的成绩能够换来父母的认同以外，在其他方面毫无用处。

美国人本主义心理学家罗杰斯表示："我，是一切体验的总和。"这也就意味着，如果一个人在童年时期缺乏关注和认同，这种生活体验会使他在人生的道路上走得更加艰难。他们的诸多努力往往不是为了完成某一个目标，而是为了获得别人肯定的评价。比如认为"我只有考上一所好大学，找到一份好工作才能让我的父母脸上有光，避免被他人轻视"。于是，无论他们在成长的过程中变得多么优秀，收获多少赞美与肯定，他们都会因为内心的固有评价而对自己产生怀疑。这种固有评价就是长期存在内心的一个声音：你并不好。

虽然糟糕的童年体验并不能对一个人的人生起到决定性的作用，但他们需要花费大量的心力纠正自我认知，不断肯定自己，逐渐提高自我效能感。这就是优秀的人内心的自信不稳定的原因，一旦遇见比自己优秀的人就很容易出现自卑的情绪。

自卑，一直以来都源于我们的内心，而不是外界所给予的，即使再优秀的人也不例外。所以，当我们感到自卑的时候，请正视自卑，试着让自己走出困境，获得解脱。

1. 放下自己的高期待

每个人都存在被肯定、被接纳、被认同的渴望，但有些时候，一个人对自己高期待反而会阻碍自己的发展。当我们在某一领域取得了不俗的成果时，我们就会下意识地认为自己在其他领域也应该获得相同的成就，但完美并不存在，前后两者的反差感就会令我们感到自卑。

心理学家阿德勒认为，当一个人的期望过高，他们就会将达到自己的期望看作生活的全部意义。适当的期待是一种动力，而过高的期待往往会使我们丧失信心。所以，想要避免自卑，我们首先要放下对自己的高期待，学会接纳自己的不完美。就如电影《黑天鹅》中所说："完美并不都来源于控制，它也来自放手。"

2. 放弃比较

俗话说："与其临渊羡鱼，不如退而结网。"想要摆脱自卑，我们就要放弃争斗的心，纠正与他人比较的习惯，不断地提升自己。一个人的优秀，并不是优于别人，而是要优于昨天的自己。当我们将注意力放在自己不断成长的过程中，看到自己的变化，我们的自信也就会变得越来越稳定和持久。我们要坚信，一个人最大的敌人只有自己，让自己变得强大，才是一个人要走的路。

3. 提高自我认同感

当我们对自己产生怀疑时，一定要敢于接纳外界对自己的积极评价，纠正内心的自我否定。我们要发自内心地肯定自己，我的优秀无关于性别，无关于环境，是内心力量的一种显化，提高自我认同感。

除了自己，没有人能够让我们自卑，就像电影《请回答1988》中所说："搞怪的不是红绿灯，不是时机，而是我数不清的犹豫。"所以，我们要懂得接纳自己，告别自卑所带来的困扰。

4

做自己，摆脱身份焦虑

微博上曾爆出《90后女护士欠几十万网贷被母亲赶出门》

的话题，瞬间震惊全网。女护士张某欠下了大量的网贷，她的母亲为她偿还了 23.8 万元，然而，她却不思悔改，继续偷偷借款。母亲在万念俱灰之下，拿出了多年前的领养证，揭开了尘封多年的往事。最终，李某被母亲赶出了家门。

很多人推测张某欠款是因为陷入了"网贷骗局"，但是，她所有的借贷都是通过正规的贷款机构进行的。高额的债务并不是借款还利导致，而是源自个人的消费。她每月消费上万元，而月薪远不能支撑自身的消费，她在几年间通过借贷，使自己背上了几十万元的债务。她所追求的就是当下年轻人向往的精致生活，喜欢就买，说走就走，完全没有符合自身经济条件的计划。

这种行为的出现源自一个人的身份焦虑。"身份"可以是是一种社会地位，指的是一个人在他人眼中的价值和重要性，而"焦虑"就是对这种社会地位的担忧。一般来说，出现身份焦虑情况的人往往拥有一定的经济基础，他们存在避免坠入下层社会的能力和意愿，却缺少足够的资源去完成向上层社会的蜕变。这种尴尬的处境和巨大的心理落差，会驱使他们依靠购买某些带有特殊符号的商品来完成对自身社会地位的认同。于是，盲目且不考虑后果的消费就此产生。

那么，出现身份焦虑的原因有哪些呢？

1. 渴求身份

每个人都会努力地争取财富、名声和关爱，渴望得到他人的关注和支持，得到更高的社会地位。这是由于人们对自身价值的判断存在一种与生俱来的不确定性，这也就意味着我们的自我感觉和自我认同在一定程度上受限于外界对我们的评价。我们之所以出现身份焦虑，是因为我们的社会地位决定了获得关注和支持的程度，而外界的关注和支持是我们自我认同的关键。

2. 势利倾向

我们为社会地位而担忧，恰恰是担心他人轻视自己，伤害自己的自尊心。势利者往往将一个人的社会地位和个人价值画上等号，但是，我们无法改变一个势利者对自己的轻视。在与势利者相处时，我们会因渴求自尊而受挫，于是，我们就会寄希望于通过某种方式来提高自己的社会地位，在势利者中间抢夺一个位置。

3. 精英崇拜

在某些人的认知中，社会地位在很大程度上反映了一个人的能力和素质。这一观念的传播和认可，赋予了金钱一种虚假的含义——金钱是一个人良好品性的象征。就是说一个腰缠万贯的人不仅富有，而且能力和品性远超常人，而穷人往往是没有任何价值的。

达尔文主义者表示："一个社会的资源，即金钱、工作和荣誉存在限度，想要获取这些资源，就必须有一番争斗。"基于这种观念，争斗失败的人的贫穷，不仅是一种痛苦，更是外界给予的一种羞辱。

4. 制约因素

在人们努力提升社会地位的过程中，存在一个明显的问题——不确定性。这种不确定性体现在身份的提高受到社会的各种制约，如雇主盈利原则、经济发展规律、运气等。这就意味着想要获得一个满足自身渴望的位置是一件不容易的事。我们的需求和社会的不确定性所产生的不平衡，导致了身份焦虑的出现。

那我们该如何避免身份焦虑呢？

1. 哲学

一位哲学家曾说："决定我幸福的不是我的社会地位，而是我的判断。这些判断才是我随身携带的东西，只有这些东西才是我自己的，是别人带不走的。"有时候，我们只不过是太过在意别人的精致生活，而忽视了身边的幸福，而且，你所在意的身份未必是真正适合自己的身份。

两只老鹰，一只生活在笼子里，另一只生活在荒野中，它们相互羡慕对方的生活，于是，它们决定交换身份。然而，一段时间之后，两只老鹰都死了。一只因不能捕猎而死，另一只因失去了自由而死。

所以，我们可以通过学习哲学的相关知识，提高自我认知，更加理性地看待身份所带来的焦虑。

2. 艺术

艺术在一定程度上可以帮助我们缓解，甚至消除焦虑情绪，如书法、绘画、音乐等，虽然是几种不同的方式，但都是通过转移注意力使人的情绪平静下来，达到缓解焦虑的目的。

有人说："我们不快乐的原因之一，就是不知道如何安静地待在房间里，心平气和地与自己相处。"所以，我们可以通过培养一种艺术爱好，来帮助我们认识自己、接纳自己、完善自己，将自己变成理想中的样子。

在生活中迷失本心，会使我们将一生中最美好的时光耗费殆尽。所以，让我们摆脱身份焦虑，拒绝变成他人所希望的模样，成为一个独一无二的自己。

5

你的焦虑，来源于欲望和实力之间的差距

某自媒体公众号发表了一篇文章《凌晨 3 点不回家：成年人的世界是你想不到的心酸》，引发无数网友的共鸣。文章由一个个的故事串联而成，习以为常的加班熬夜、客户和领导的百般刁难、事业与家庭无法兼顾……描绘出"北上广"职场中的众生相。文章不免存在贩卖焦虑的嫌疑，但此类话题确实说出了大部分人的心声。

毕业于高等院校的李易，跟随"北漂"洪流独自一人来到了北京，成为一家国有企业的财务主管。在周围人的眼中，这份工作十分稳定且安逸，然而，他的感受却不太乐观："工

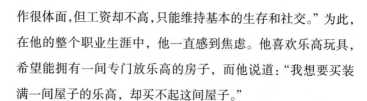

作很体面,但工资却不高,只能维持基本的生存和社交。"为此,在他的整个职业生涯中,他一直感到焦虑。他喜欢乐高玩具,希望能拥有一间专门放乐高的房子,而他说道:"我想要买装满一间屋子的乐高,却买不起这间屋子。"

当一个人对自己的期望过高时,如果由于欲望和实力不相符,导致其无法完成既定目标,现实与理想之间的落差就会给他带来挫败感、失落感甚至无力感,焦虑情绪由此产生。对于一些人而言,焦虑会促使他们分析自身的不足,及时调整目标,不断给自己积极的暗示,但对大多数人而言,焦虑更多地会导致他们对自己的能力产生怀疑,无法正确地认识自己,以至于失去信心。

现实与理想之间的"对比"之所以能够造成伤害,一方面可以归结为个人原因,另一方面互联网的存在也起到了推波助澜的作用。互联网信息发达,使得人们容易获知过多的物化成功案例。而相较于物质成功,无法具象化的精神成功很难通过互联网传递,一些功利性、实用性、物质性的因素使人们对成功的认知出现偏差,这也就导致了他们更容易树立不切实际的目标,也更容易感受理想与现实的差距,从而变得焦虑。

其实,理想与现实之间存在差距是一件很正常的事情,理想之所以被称为理想正因为存在一定的获取难度。如果一个人的欲望总是被轻易满足,那他就会逐渐失去目标,缺乏满足感,从而不断膨胀自己的欲望。但是,理想一定不能脱离现实，不切实际的理想是无法企及的，也是导致理想与现实之间的差距"深渊"无法被填满的原因。

斯坦福大学心理学教授所著的《自控力》中对焦虑情绪做出了解释："试图压制焦虑情绪也会事与愿违。人们试图将想法挤出大脑，但身体依然会接收到信息。正如压抑悲伤和自我批评的想法会让情绪变得更加沮丧，压抑思维会产生严重的焦虑症。越是压抑消极情绪，人越可能变得抑郁。"所以，想要缓解或消除焦虑情绪，我们要从根源上解决欲望和实力之间的差距。

1. 拒绝极端

极端的理想主义会使我们善于幻想，在心中虚构出一个能够满足自己所有欲望的世界，一切都如自己所愿，与自己契合。但冷酷的现实会打破这种虚幻，当巨大的压力突然袭来，我们就会因无法承受而选择逃避，变得焦虑。

而极端的现实主义，则表现为"当一件事的成功率为100%时，我才会去做它"。而这种没有意义的等待，往往会将现实与理想的差距更为清晰地展示在我们面前，我们不断地等待时机，也会不断地焦虑下去。所以，我们要拒绝极端，拒绝幻想和退缩，就像海伦·凯勒所说："没有探险的人生，等于白活。"

2. 降低预期

失败并不能代表理想的破灭，反而是给了我们具有一定价值的反馈。当我们的理想与现实之间的差距过大时，我们不妨修正自己的理想，降低预期，使达到目标的概率提高。

3. 设定时限

一个长远目标的实现难度往往很大，但如果我们将它分解出很多小目标，会增加计划的可行性。比如当我们需要完成一篇论文时，我们可以从制定框架、准备素材、撰写草稿、整体润色等步骤去落实。

而且，为计划设定一个时限会提高我们的执行力和行动力。1961年，美国总统肯尼迪曾提出"十年登月"，历史告诉我们，美国在1969年实现了这一目标。

4. 乐观向上

福特说："你相信你能或者不能都是对的。"所以，面对理想与现实的差距，我们不能悲观，一定要保持一个积极向上的心态。珍惜生活中的幸事，培养自己的信心与胸怀。

想要跨越理想与现实之间的鸿沟，我们必须认清现实、理解现实，而不单单是以自己的观念去看待现实，追求理想是为了改变我们的生活，使我们的人生更有意义，而不只是为了满足内心的虚荣。

6

人生而不平等，坦然面对

天涯社区一篇《寒门再难出贵子》，引起了人们对阶级固化、出身和命运的广泛讨论。虽然很多人抨击这一观点，但我们无法否认阶层是一个客观存在的事实。所谓平等，不过是机会面前人人平等，但也会受到各方面因素的影响。就像人人都有享受教育的机会，但所受教育的质量是不平等的；人人都享有医疗保障，但所拥有保障的质量是不平等的。苹果公司创始人乔布斯和普通人一样排队等待肝脏移植，但他却可以同时在几个州排队，也就拥有高于常人的存活率。

人本来就是生而不平等，电影《中国合伙人》中主人公的不同经历就是一个最好例子。农村家庭出身的成东青与高知家庭出身的孟晓骏进入了同一所大学。但是，如果村民没有借钱给成东青的话，他根本就没有进入大学的机会，哪怕他比孟晓骏努力一万倍。而且，家庭教育质量的差距也导致两个人的人生出现了不同的境遇，孟晓骏轻松拿到签证，远赴美国，而辛苦背书的成东青却屡屡受挫。

也许有人会问，成东青的结果不也很完美吗？但是，我们要知道，多少万人中才会出现一个成东青，而一万个人中又会有多少个孟晓骏。

我们无法接受"人生而不平等"，其实是嫉妒情绪在作祟，由于自己在地位、成就等方面不如别人，导致心理失衡，这本质上是一种缺乏安全感的表现。这些我们在意的点是因为潜意识中的需求，如果无法得到满足，就容易产生愤怒、怨恨等负面情绪。

我们对现实的不满很容易影响自己的归因方式，将一个人的成功和失败单纯地归结为外界因素的影响，从而出现以下几种行为。

1. 扭曲对自己的认知

当我们无法正确看待"不平等"时，自我认知会出现偏差，无法将一件事情发生的原因归结为内、外因素相互作用的结果，而只将导致无法获得与他人同等的机会的因素归结为自己经济能力匮乏、社会地位低下，从而放弃个人成本的投入。

2. 扭曲对他人的认知

忽视他人的个人能力和后天努力，将成功的原因完全归结为其优越的家庭条件等因素，对他人的成就做出缺乏客观的评价。比尔·盖茨的第一桶金是在身为 IBM（国际商业机器公司）总裁的母亲的帮助下获取的，很多人就认为他的成功不过是因为拥有一个优于他人的家庭，但我们无法否认他出众的能力和远见。如果他只是一个事事依靠父母的庸才，相信世界无法这么快见到微软。

当我们羡慕他人的出身和富贵时，就已经将自己囚禁在贫富贵贱的等级观念中了。所以，追求公平只是一种理想，但正因为它是一种理想而不是现实，所以我们别无选择。

1. 承认不平等

人生而不平等的东西有很多，家庭、父母、身高、容貌等都无法凭借一个人的主观意识去改变。你越是纠结这些"不公平"，就越是会被"不公平"所累。

我们要承认"不公平"的存在，对现实有一个清醒的认识，放弃不必要的抱怨和幻想。与其羡慕他人的优越条件，不如权衡自己的出身、智力、社会资源等，制订一个切实有效的计划，勇敢地向自己追求的世界出发。

《格格不入的平等》是拍摄于巴基斯坦卡拉奇的一组照片，分享了巴基斯坦小朋友们的生活，他们经常在路边卖海鲜补贴家用，而同龄的孩子大多数都在父母的怀抱中玩耍。他们无力改变这种差距，面对命运的不公，他们除了努力，别无选择。

当我们能够坦然面对"不平等"时，就不会再去羡慕他人的出身、嫉妒他人的美貌、仇恨他人的幸运。我们会将注意力转移到自己身上，努力去寻找属于自己的幸福。

2. 反对宿命论

罗曼·罗兰曾说："宿命论是那些缺乏意志力的弱者的借口。"对弱势群体而言，很多人在无力改变现状或遭遇失败时，会为自己找各种各样的外在托词，最终将其归结为命运。他们逐渐变得消极颓废、悲观，失去斗志，丧失自身的主观能动性。

反对宿命论，并不是要求我们盲目抗争命运，知其不可为而为之，而是为了让我们对自己有一个清晰的认识，放弃我们无法改变的东西，积极掌握所能改变的东西。

3.追求平等

人与人之间的平等，并不是先天拥有的，而是需要我们后天的努力争取。就像在公司中，你的方案被领导否决，你不能要求他做到平等，因为你只是一个建议者，而他才是决策者。你要做的是努力提升自己，争取获得决策权，获得眼中的平等，而不是将时间浪费在没有意义的辩论上。

社会就是一个优胜劣汰的修罗场，成功源自一个人的不断努力和追求，平等亦是如此。就像电影《中国合伙人》中，孟晓骏在外国的实验室做助教，他和另一个人一样努力，教授也没有区别对待，但因为孟晓骏选错了专业，最终他失去了这份工作，这就是现实。

对无法改变的事物抱怨，是世界上最没有意义的事情。所以，我们要坦然接受命运的不平等，着眼于未来，通过努力获得自己所期望的生活。

7

保持心理平衡的秘诀：适当与人比惨

在一档综艺节目中，一群明星在餐桌上分享自己的经历，演员 A 说道："我特别在意别人对我的看法，我经常会看网友对自己的评价，很多人都说我长得这么丑，怎么还能出道？"

他略带心酸的话语，使得原本轻松的气氛变得有些伤感。此时，演员 B 附和说："这种事很常见，我也经常看到网上很多人针对某部电影，'明明这么烂，为什么能获得这么高的票房？'"

演员 C 突然笑道："那我也不是一样被骂惨了。"几个人你一言我一语，互相比惨，分享起自己曾经被"网嘲"的经历。听到身边的人都和自己比惨，演员 A 瞬间笑了起来，尴尬的气氛得到缓和，众人又开始有说有笑。

如今，"比惨"更像是一种社交手段，无论是线上还是线下，只要在一个公开的场合，很多时候都会出现"比惨"大赛，和互相吹捧一样。对一个人来说，与他人对比是一种习惯，也是一种本能。而"比惨"能够让人获得一种心理上的安慰，就像很多影视剧一样，主角一般被设定成从小父母双亡，家境贫寒的背景，即使出身一般，也要遭受周围的唾弃。越是悲惨的人物和故事，越能够吸引人们的关注，这恰恰体现了人们对"比惨心理"的需求。

"比惨"其实是一种心理安慰和借口，读书时，当我们在纠结自己是否要学习的时候，如果看见周围的同龄人在玩耍，心里就会给自己一个安慰而安心去玩耍；长大之后，当我们见到别人比我们惨时，内心就会感受到自己所拥有的幸福，从而得到慰藉，变得开心。

在一场聚会中，只要有一个人开始诉说自己的悲惨经历，就会在无意中奠定整场聚会的基调，而平日里积压的负面情绪也在这一刻得到宣泄。在这种情况下，"比惨"就意味着与其他人处于相同的状态，更容易被他人所认同和接纳。

伟大的思想家马克思说："人是最名副其实的社会动物，不仅是一种合群的动物，而且是只有在社会中才能独立的动物。"这就意味着我们需要更大限度地融入一个群体，才能获取安全感和幸福感。

在"比惨"的过程中，我们不仅能够宣泄内心的负面情绪，收获心理上的安慰，还能通过彼此之间的交流得到一些提升自己的技巧，甚至宝贵的人生经验。在他人的经历中，我们能了解对方是如何调整状态，找到人生的方向，逐渐反败为胜的。而且，在交流悲惨的经历时，彼此之间容易产生共情，这能够拉近彼此之间的距离。就像从对方的经历出发，我们能够更多地了解对方的性格和人品，对彼此之后的相处有很大的帮助。

但是，一味地"攀比式卖惨"，只是一种变相的炫耀，在诉苦的过程中不知不觉地抬高自己，会使周围的人变得越来越焦虑，惹人厌恶。

人与人之间的差距是导致心理失衡的重要原因，而"比惨"能够让我们从低位者的角色中脱离出来，得到心理安慰。适当地"比惨"确实能够帮助我们获得心理平衡，但是，我们也要学会如何正确地比惨。

1."比惨"的目的

我们要知道，"比惨"的真正目的是让自己获取一个全新的视角来理解自己，理解往往比改变更有意义。所以，"比惨"并不是为了展示自己的不易，而是在合理宣泄内心负面情绪的同时，认识到自己的优势和幸运。

2.倾听他人的烦恼

我们可以尝试与身边的人进行沟通，询问对方最近是否存在某些烦恼，在倾听过程中，我们会发现对方的压力其实也不会少于自己。当我们见到他人比我们惨时，会感到自己的痛苦其实并不算什么，而自己认为生活难以继续的状况，其实对他人来说不过是家常便饭罢了。当我们了解得更多时，心理就会逐渐趋于平衡，从而充满信心地去面对当下的环境和问题。

3.关心社会弱势群体

我们也可以尝试去孤儿院、贫困地区走访，感受当地人生活的不易。通过比较，我们会发现自己的生活其实充满了幸福，不该被眼前的困难与烦恼所牵绊。

就"比惨"而言，学会如何正确地使用这一技巧十分重要。如果你能够恰当且适宜地与他人比惨，你就能够拥有一项维持心理平衡的技能，而如果无法控制"比惨"的程度，就很容易与我们的初心偏离。最重要的是，一个人的烦恼只源自内心，他人永远也无法给你带来烦恼。"比惨"虽然在一定程度上能带来自我安慰，但前提是我们不能将其视为优获取越感的渠道。否则的话，"比惨"只会让我们在追求心理平衡的道路上越走越远。

8
将负性攀比转化为正性攀比

现实中，攀比心理已经渗透到方方面面，能力攀比、外貌攀比、社会地位攀比等，甚至有些人连自己的孩子也要攀比：攀比谁家的孩子上的学校是市重点中学，谁家的孩子上的学校是省重点中学……当我们拥有他人所没有的事物时，就会在他人的羡慕中感到满足；反之，则会感到不安，而这种优越感只是建立在他人的关注层面，并且，物质追求往往要比精神追求来得更加容易和快捷。

一个孩子放学回家后闷闷不乐，妈妈询问他发生了什么事，孩子回答说："妈妈，你为什么不给我买名牌的衣服，而且在我生日的时候从来没有带我去吃过'哈根达斯'。当我的同学说起这件事的时候，所有人都在嘲笑我家里穷，穿不起名牌，吃不起'哈根达斯'。"

妈妈原本认为孩子正是长身体的时候，即使买了名贵的衣服也穿不了几年，而且，她意识到孩子出现了攀比心理，于是，安慰孩子说："我们不要和别人比吃穿，要比就比学习成绩。"

攀比心理是在漫长发展中催生的一种基于物质上互相衡量的机制，让人感到焦虑不安的同时，在某种情景下，也会促进一个人的成长。

攀比心理，是指一种不考虑自身经济能力而盲目去和他人比较的消费心理，后又泛指因人们与参照事物存在较大相似，导致自身需求过度放大，虚荣动机增强，促使极端心理和行为产生的心理。

根据攀比结果的不同，攀比心理可分为正性攀比和负性攀比。正性攀比趋于理性，通过与他人的比较，产生积极的良性竞争，提高人们的行动力和面对困难的勇气。比如一个孩子对学习充满了热情，当同桌的成绩超过他时，他内心会感到焦虑，渴望超越对方，就变得更加努力。无论在学习上，还是在工作上，正性攀比往往会促使一个人变得更加优秀。

与正性攀比相比，负性攀比最大的问题就是个体对自己和所处环境缺乏理性分析，伴随过于情绪化的思维，导致个体需要通过一味地盲目攀比来缓解精神压力，确认自我价值。这种行为对他人、对自己都毫无益处，甚至会带来麻烦。比如无端增加自己的经济压力。对大多数人而言，通过消费满足自身需求的程度，取决于他们的经济能力。但随着社会消费水平的不断提高，加上互联网的飞速发展，使各种带有符号意义的商品进入人们的视线，在"面子消费"心理、嫉妒心理的影响下，人们为了满足自身的虚荣心，攀比和消费行为从而被相互激活，这就是负性攀比。而这种攀比往往会使人们因过度消费，而负债累累。

而且，对孩子而言，避免负性攀比尤为重要。如果父母不能正确引导，孩子很容易在成长过程中沉迷于优越感所带来的快感中，变得极度爱慕虚荣。他们在生活中会极力炫耀自己的名牌衣服、豪车、父母的职位等，甚至树立不正确的金钱观。

既然攀比是一把双刃剑，那我们该如何利用正性攀比，刺激自己的竞争欲望，产生不断追求美好的动力呢？

1. 纠正自我认知

俗话说："台上一分钟，台下十年功。"每个人的成功和优秀都不是偶然，我们往往会羡慕别人表面的光鲜，却无视他们背后的努力。很多人羡慕 32 岁的 C 罗拥有 23 岁的身体，是世界足坛的一名巨星，让人望尘莫及，但很少有人看见他每天坚持做 2000 个俯卧撑，将客厅改造成健身房，随时随地训练。如果我们刻意将已经达到某种高度的人来和自己比较，只会无端增加自己的压力。所以，我们要纠正内心的不平衡，理性看待彼此之间的差距。

2. 不断自我暗示

暗示是用含蓄、间接的方式对一个人的心理和行为产生影响。心理学家普拉诺夫认为，暗示的结果可以使一个人的心境、情绪等方面发生变化，是影响潜意识的最有效的方式之一。

自我暗示可以理解为自我肯定，是指凭借自己坚定的积极认知，摆脱主观的、否定性的消极思维模式。自我暗示是一种强大的心理调节技巧，能够帮助我们驱散内心的恐惧和阴霾，使心理预期和生活态度发生改变，增强心理承受能力。

一位极具天赋的演员毕甫佐夫，存在口吃的缺陷。但在一场演出中，他不断暗示自己，舞台上的言语和动作完全属于剧中的角色，而这个角色是不口吃的。于是，在这场演出中，他成功克服了自己的缺陷。

3. 增强自身实力

我们之所以会出现负性攀比，往往是因为自身的实力与期望值不相符，导致内心不平衡，出现嫉妒、怨恨等负面情绪。因此，应增强自己的实力，让自己求有所得，缓解内心的不良情绪，同时理性地看待追求的事物，避免负性攀比的出现。

所以，生活中很多事不需要太在意，每个人都有属于自己的生活方式。如果我们渴望得到像他人一样的生活，请努力；如果我们嫉妒对方优于我们的生活，那么请学会坦然面对自己和他人的差距。

9

趣味心理测试：你的日常攀比指数有多高

测试题目：

如果你是一个拥有第六感的"灵媒"，仅凭直觉你认为明天是什么天气？

A. 刮着风的雨天

B. 凉爽的阴天

C. 阳光普照的晴天

测试结果：

选项 A：日常攀比指数 55

有时会斤斤计较，喜欢耍嘴皮子的你经常与人争辩，一定要争出一个高下，任何事物都能够拿来比较。但你不会将比较的结果放在心上，转眼就忘记了。

选项 B：日常攀比指数 10

你认为攀比是一件吃力不讨好且毫无意义的事。人外有人，天外有天，你不喜欢与他人比较，只要自己生活得开心就好。

选项 C：日常攀比指数 99

你的攀比心很重，凡事都要和他人争个输赢，而且一定要赢为止。即使时间跨度很大，你也会将其深埋心底，久久不能释怀。

第七章　打造富足感，弥补内心的空虚

1
存在感不是刷出来的，内心富足的人自带光环

电影《狂刷存在感》中的男主，生活中被自己心仪的女孩拒绝，工作中被同事排挤，甚至在社交聚会上也被人无视。他的内心极度渴望得到他人的关注，偶然中，他在社交平台中发布的生活信息获得了他人的点赞。于是，他开始沉迷于在网上炫耀自己的生活，牛排红酒、阳光沙滩、哲学书籍，肆意享受着他人对自己的称赞与羡慕。他躲藏在虚拟繁华里的心灵变得空虚麻木，无法面对日益惨淡的现实。

生活中，像《疯狂刷存在感》中的男主一样，很多人一旦无法在事业、才华等方面得到外界的关注，就会通过其他方式"刷"存在感来确认自己的存在，比如朋友圈的各种"晒"。

一女网红在微博上晒出了自己坐在飞机驾驶舱喝茶的照片，并发文称："超级感谢机长，实在是太开心了。"然而，根据航空规定，在待飞或飞行状态下，任何人不得随意出入驾驶舱。随后，当事机长被终身停飞，其他机组人员均受到相应处罚。网红这种利用大众猎奇心理狂刷存在感的行为，不仅令他人受到牵连，自己也被网友骂惨。

威廉·詹姆斯说："人类天性至深的本质，就是渴求为人所重视。"每个人都希望在社会关注和重视中获得存在感，但

追求的方式却大相径庭，有的人依靠事业上的成功；有的人通过做公益事业奉献自己；也有人每天将自己打扮得十分精致，甚至不停地在社交圈中"炫"豪宅、"秀"幸福，通过他人的赞美来获取存在感。

习惯"刷"存在感的人大致分为两种：一种是在现实生活中缺乏倾诉的对象，将内在的表达需求转移到虚拟的网络上的人；另一种是通过炫耀自己的富足且精致的生活，来保护自己脆弱的自尊，满足自己的虚荣心的人。这两种人的共同点是内心空虚。

从心理学角度来说，内心空虚是指精神一片空白，没有寄托，没有信念，感觉不到自己被需要，也不觉得需要什么，时常无聊和寂寞。

于是，很多人纷纷用视觉的冲击来祈求他人的驻足回眸。各种自拍、照片、小视频充斥着朋友圈、微博等各大社交平台，点赞、评论、互动，乐此不疲……他们很享受被他人仰慕、点赞的生活，每次滑动自己的朋友圈动态，看着一排排的点赞和评论，都有一种飘飘然的感觉。

存在主义心理学家罗洛梅认为，当一个人缺乏存在感时，也会丧失相应的自我价值感。而内心空虚的人因为感觉不到被需要变得恐慌和不安，所以他们需要源源不断地向外发声，期待得到回应。如果有回应，他们会感觉欣慰；没有回应的话，则会陷入歇斯底里的挣扎和苦恼中，越发渴望引人注目。

席慕蓉曾在《独白》中写道："在一回首间，才发现，原来，我的一生的种种努力，不过是为了周遭的人对我满意而已。为了博取他人的称许和微笑，我战战兢兢地将自己套入所有的模式、所有的桎梏。走到途中，才忽然发现，我只剩下一副模糊的面目，和一条不能回头的路。"

作家李尚龙曾表示："只有弱者，才会狼狈地刷存在感。"真正的存在感不是刷出来的，而是来自强大且自信的内心。

那我们该如何做一个内心富足的人呢？

1. 拥有一技之长

古人云："能为人之不能为，敢为人之不敢为。"在这个充满竞争的时代，拥有一技之长就是掌握了最好的生活方式，你的能力、你的专业性就是你的存在感。

每个人都在这个时代占据一席之地。我们独特的技能会为我们带来更多的关注，也会使我们的内心变得更加富足。

2. 坚定自己的信念

坚定自己的信念应该并不只是停留在口头上，而是发自内心。西方曾有谚语："同一件事想开了是天堂，想不开就是地狱。"当我们遭遇困难时，会痛苦和沮丧，就是无法守住内心的信念。一个内心富足的人可能外表脆弱，但内心格外强大且充满自信，这种自信源自对自身浅薄的深刻认识以及对自然和生命的敬畏。只要你相信，就没有到达不了的明天。

3. 保持内心的平和

平和的心态往往能够影响一个人的生活水平。心浮气躁、暴躁易怒会使我们丧失理智，面对生活少一分急躁，多一分平和，才能使内心变得富足且安慰。

丹麦思想家克尔凯郭尔的一生一贫如洗，终日被鸡毛蒜皮的事所扰，而且他的生命也比较短暂。但是，他面对艰苦的生活始终保持一种平和的心态，一生都充满了快乐。

我们虽然可以通过他人的反馈和社会的关注来获得存在感，但归根结底，任何信息都是作用于对自我存在的肯定。"刷"出来的存在感往往会因外界的变化而轻易崩塌，而自我认同和肯定才能使存在感长久不衰。

2

读一些可以滋养心灵的好书

当今浮躁的社会，快节奏的生活，使大多数人都沉浸在"快、简、易"的社会氛围中。为了顺应时代潮流，每个行业都开始追求"快"，方便面、快餐厅、快捷酒店、快车……人们越来越享受这种"快"带来的便捷，反而失去读完一篇长文的耐心，甚至不愿触及具有一丝难度的事情。

随着互联网的兴起，微博、朋友圈、短视频等占据了大部分人的闲暇时光，而且，相较于具有深度的阅读，人们更倾向于能够瞬间令人发家致富的"干货"，从而导致成功学大行其道。于是，我们很难在生活中见到文学、哲学、历史类的书籍，眼之所见，皆是阅读萎缩后人心的浮躁与空虚：某些"学术明星"仅凭一点儿心得就可以得到万人追捧；不知"礼"为何物的少年掌掴老师后还振振有词；追求感官刺激的电影少不了激情戏；车模逐渐成为汽车销售的一把撒手锏……这些令人尴尬的现象，源自人心的浮躁，其背后就是阅读量的逐渐下降。

人们为什么会感到空虚和迷茫？杨绛先生曾作答："你的问题主要在于读书不多而想太多。"阅读量匮乏的人往往想得太多，因为幻想是一件毫不费力的事情，正好迎合了我们懒惰的心理，我们更倾向于一些能够直接吸收的东西，就像很多人静不下心来看书，反而能够注意力集中地上网、打游戏。但是，激情过后随之而来的就是空虚，因为缺乏思考，导致我们的想象只是停留在一个点上，无法跳出既有的框架。于是，越幻想就越感到浮躁和空虚。

一本好书中心明确，且富有逻辑性，这对一个人的思考具有很强的引导性，而且，对个人而言，自我认知往往比外界的评价和指导更具有说服力。比如书中讲"世界上每个人都是被上帝咬过的苹果，都有缺陷，有的人生理上缺陷比较大，是因为上帝特别喜爱它的芬芳，而道德上有缺陷的人的缺陷，却是被虫蛀的。"我们对待存在缺陷的态度，自身理解往往比他人劝诫要更为直接和有效。

古人云："读万卷书，行万里路，二者不可偏废。"相较于"行万里路""读万卷书"对我们而言，相对简单一些。书是一扇通向不同平行世界的大门，我们能够从中看到对待一个问题的不同角度和思考方式，这样我们就不会被自身的眼界所限制。当我们的思维不被局限去考虑一个问题时，会更加合理且具有深度。也许，我们读过的书无法直接在生活中显露出来，但它们无时无刻不在滋润着我们的灵魂，就像作家三毛所说："许多时候，自己可能以为许多看过的书籍都成为过眼云烟，不复记忆，其实它们仍是潜在气质里、在谈吐上、在胸襟的无涯，当然也可能显露在生活和文字中。"

读书可以减轻生活的压力，填补内心的空虚，但并不是所有的书都能够产生这种效果。所以，书的选择也很重要，我们要尽量去选择一些适合自己的书。

1. 历史书

历史是一面镜子，也是生活中最厚重的色彩。我们可以从中华五千年的兴衰中体会各大王朝的辉煌与落寞。

推荐《明朝那些事儿》，本书摆脱了历史书给人们带来的枯燥乏味的刻板印象，以诙谐幽默的语言讲述了 1344 年至 1644 年发生的真实事件；《大秦帝国》，一部描述秦朝从鼎盛走向衰败的历史长卷，虽然秦朝的历史只有短短的 14 年，但却是悲欢离合奏成的一部历史交响乐。

2. 哲学书

哲学其实是对世界和生活的洞察，可以让我们变得睿智通达，能够将生活看得更加透彻。而哲学的意义也就在此，指导我们拥有更好的生活。

推荐《纯粹理性批判》，本书界定了人类知识的形式和范畴，论证了固有形式和范畴只适用于现象世界的说法；《查拉图斯特拉如是说》，尼采的里程碑式的作品，以散文和诗歌的方式宣扬"超人哲学"和"权力意志"，表达了尼采对生活、痛苦、烦恼和期望的深刻理解。

3. 文学书

文学可以使人的生活变得富有情绪，性格变得优雅，提升人们的内涵。

推荐《平凡的世界》，没有煽情，没有浮夸，没有猥琐，没有吹捧，它通过几个家庭，描绘出了一个时代，是一本让人感动、微笑、羞愧、坚强的书；推荐《飘》，全书洋洋洒洒百万字，故事曲折，情节真挚，但并不会让人觉得乏味冗长。

虽然，读书能够给我们带来很大好处，但有些东西并不是单纯地读书就能够拥有的。你可以熟练背诵王小波或三毛的情话，却无法体会"十年生死两茫茫，不思量，自难忘"的深情，无法体会"爱是想触碰又收回手"的那份卑微和胆怯。所以，我们不仅需要读书，也需要广泛地参加社会活动，拓宽人生的边界，体会人生百态。

3
改变态度，让你享受工作

日剧《校对女孩河野悦子》中的主人公河野悦子是一个梦想成为杂志社编辑的女孩，她每次都会购买杂志社出版的杂志，对其中的内容如数家珍。但是，她的几次面试都以失败告终，但因为细心谨慎的态度，悦子成为了一名审核员。她并没有放弃自己的梦想，也没有为当前的工作感到烦恼，反而努力做着自己的本职工作，毫不放松。她每天都充满了热情，迎接每一个人，迎接每一份工作。

在现实中，我们大多数人往往缺乏这种热情，担心做一份不喜欢却又不得不做的工作。而这种担忧恰恰就是现实，如果我们不喜欢当下的工作，就会变得怠慢、拖沓，几小时的工作就可以把自己折腾得疲惫不堪，一天下来，我们收获的不是满足，而是不停地吐槽和抱怨。我们开始确认这不是自己想要的生活，怀疑这份工作是否还需要坚持下去。

《校对女孩河野悦子》中说："世界上真的有令人快乐的工作吗？如果真有那种工作的话，大家肯定都去做了，不仅仅是工作，不管是人生还是什么，享受还是不享受，不都是看自己的心态吗？"

"寿司之神"小野二郎一生都在追求创造完美寿司，94岁高龄的他在超过 55 年的时间里，都是在做寿司。但这种数十年如一日的工作却并未让他感到枯燥，反而在不断追求中找到了属于自己的快乐。

心理学家米哈里·契克森米哈赖提出了"心流"的概念，他将其定义为："一种将个人精神完全投注在某种活动上的感觉。"当心流产生时，人们会出现高度的兴奋感和充实感，专注于当前所做活动中的快乐，甚至忘记时间。

当一个人的能力大于挑战时，他就会认为工作太过枯燥；当一个人的能力小于挑战时，他又会因为压力大而感到焦虑不安；当一个人的能力匹配挑战时，他就会变得专注且投入，也就是产生了心流。简单来说，就是小野二郎看似每天都在重复做寿司的动作，但事实上制作寿司的每一个环节都需要进行推敲，为了使寿司的口感和味道更好，他每天都在不断提升自己的能力，同时也在为自己设定更高的目标。这也就是意味着，他每天的工作内容都没有重复，而是在不断提升的过程中享受精神层面的满足。

而这一过程能够帮助人们获得即时满足感，就像打游戏一样，不断地通关，不断地升级，自然而然不会令人感到枯燥乏味。只不过在其他人眼中，我们依旧是在重复昨天的工作而已。所以，哪有什么大毅力的人，能够忍受常人所不能忍的枯燥？其实，他们只是乐在其中罢了。

工作对大多数人而言，就是一个包袱，让他们不得不负重前行。如果不想活得这么累，我们可以尝试着改变态度，学会享受工作。

1. 明确工作的价值

我们要明白，工作是人生重要的组成部分。对许多人来说，如果没有了工作，也许他们能够生存，但生活也将变得空虚，甚至他们会无法感受到自身的价值，丧失生活的乐趣，甚至找不到生活的意义。而工作是一个人获得存在感和价值感最直接的方式。

2. 保持热情

世界上任何一件伟大的事都是因为热爱才能取得成功的，如果我们总是将工作当作一种累赘，抱怨这种重复且枯燥的工作，那我们永远都无法感受到其中的快乐。热情是做好一切事情的原动力，无论是工作还是生活都需要用它来增添色彩，才能让我们更好地感受工作的意义。这也是为什么一个成功的人，无论将他放在什么位置，他都能够脱颖而出，因为靠的就是对事情的热爱。

3. 寻找快乐

永远不要将工作当作一种负担，每一项工作都有它存在的价值。如果我们不喜欢这份工作，可以尝试从工作中寻找快乐。如果你选择敷衍，就意味着会更加厌恶这份工作，当你能够尽力去完成一项工作而看到结果时，就会获得很大的满足感。但如果你选择敷衍了事，或者抱着能少做尽量少做的态度，就无法感到这种满足。

无论我们是否喜爱自己当下的工作，都要保持一种热情，为自己增加底气。就像《校对女孩河野悦子》中的一段台词："在这个世界上，有的人实现了自己的梦想，有的人没有实现，有引人注目的工作，也有很不起眼的工作，其中肯定有一些人梦想已经实现了，自己却发现没有想象中美好。但是，不管是怎样的心情，不管是怎样的工作，都应尽全力把眼前的工作做好，这样就能把平凡的每一天都变成有意义的不可替代的一天。"

4
当你专注于努力，就没时间虚荣

《一句顶一万句》中说道："世界上有一条大河特别波涛汹涌，淹死了许多人，叫聪明。"很多人都输在了自以为是的心态和自我陶醉的努力中。但是，真正努力的人都是缄默不语的，一个人攀登得越高，越会感觉到自己的渺小，越是临近尘埃的人，越容易自我膨胀。就像冯骥才所说："低调是为了生活在自己的世界里，高调是为了生活在别人的世界里。"

李亚楠毕业后进入一家公司做文案策划，因基础扎实，天资聪颖，跟随老员工学习一段时间之后，她就能够独立完成任务了，而且文案质量甚至要高于大多数人。不久之后，她顺利晋升为部门主管，负责管理几名初出茅庐的小姑娘。

因为并不需要再全身心投入文案策划中，她经常在工作时间发布一些朋友圈，展示自己的成绩，以此获得他人的赞美，恨不得向全世界展示自己的努力。

生活中，这种现象也是屡见不鲜，我们每天都能看到很多人浮夸而张扬的表演。在备考公务员的时候，不停地在朋友圈中展示各种资料；计划减肥时，展示自己的一日三餐，微信步数；天天发工作记录，担心别人不知道自己有多努力……

当我们将精力集中在一件事情上时，就会变得专注，也不会拘泥于现实中毫无意义的攀比，更不会将时间浪费在炫耀上。其实，努力没什么值得炫耀的，倒不如专注于努力，一步步变成自己喜欢的样子。

哈佛大学社会学教授马修·戴斯蒙通过调查发现，导致贫穷延续的根本原因在于一种观念："越穷的人，越喜欢被动灌输，大脑处于空白状态，被外界的信息所控制；与之相反，那些稍微富有的人，往往具备一定的主动性与思考能力，他们愿意思索正确与否，愿意反思自己，同时纠正错误行为。"

而这也就是为什么拥有太多空闲时间的人更容易攀比，需要通过外界的认可和赞美来满足自己的虚荣心。他们始终保持着一种被动接收的状态，一旦外界停止输入，他们就需要利用某种事物来填补内心的空虚。

村上春树说："没有专注力的人生，就仿佛睁着双眼却什么也看不见。"而专注于努力，是为了拼尽全力完成自己的梦想，当我们享受努力的过程时，若我们可以专注于事情本身，自然就没有时间去在意虚荣。

高调的炫耀不过是一种自导自演的闹剧，努力从来都只是自己的事情，与他人无关。屠呦呦被列为"20世纪最伟大的科学家"候选人之一，与居里夫人、爱因斯坦和图灵并列。她在75岁高龄时因获诺贝尔奖而被大家所熟知，成为家喻户晓的科学家。在诸多媒体记者的采访邀请下，她选择了避而不见，就像她曾经的13年一样，将所有的精力集中在科研上。她曾公开表示："得奖、出名都是过去的事，我们要好好'干活'。"

我们该如何避免生活的空洞状态，做到专注于努力呢？

1. 掌控好你的自信和欲望

自信和欲望是构成专注和努力的主要因素。当你缺乏自信时，在努力的过程中会怀疑自己，从而分散自己的注意力。而缺乏欲望，会令你丧失追求的动力。所以，我们要尽量发掘自身的需求，促使自己为了满足自身需求而努力。

2. 一次只做一件事

当我们为了自己的追求而努力时，要懂得循序渐进，逐一实现自己的目标，当我们全身心投入一件事中时，就不会因思维转移到其他的需求或想法上，而分散自己的注意力，消耗自己的精力。应当充分了解自身能力的极限，在每一次的计划中明确需要完成的目标和程度，避免因盲目失去控制，浪费自己的专注。

3. 持续性专注

很多人会因执着于某种美好，而选择避免破坏这种完美，导致努力状态的切换困难以及对后续工作的拖延。针对这一情况，我们可以尝试将已完成目标看作整体目标的一部分，即使当前目标已经是我们的最后目标。

一旦我们建立这种认知，就不会轻易放松警惕，而是会将这种专注努力的状态持续下去。如此一来，当我们完成既定目标后，会自然而然投入下一个目标中，感受到自身积极行为的强化，而这种成就感会令我们保持对努力的专注性。

罗曼·罗兰曾说："生活中最沉重的负担不是工作，而是无聊。"当我们拥有太多闲暇时光时，就容易感受到内心的空虚，所以，专注于努力，让自己更好地着重于追求，才能告别虚荣，使内心变得富足。

5
拥有成长型思维模式

《庄子》中有一个"东施效颦"的故事，讲述了一个女子刻意模仿西施，却因模仿不好而出丑。庄子评价她说："彼知颦美，而不知颦之所以美。"西施皱眉，捂住心口的模样固然美丽，但东施不假思索，刻意在人前蹙眉捧心，并不是为了让自己变得更美，而是想要证明自己很美。在心理学上这就被称为固定性思维。

而这种思维也导致了现实中人们盲目攀比、追求虚荣的现象。就像购买一些品牌溢价严重且远超自身购买力的商品；宁愿分期付款，也要买一辆价值 50 万元的豪车；宁愿吃几个月泡面也要买一套高级化妆品等。

在固定性思维模式中，我们会将一切看作是固定的，无法随着个人的改变而改变，就像一个人的成功是因为他足够优秀，失败是因为他不具备相应的能力。而在成长型思维模式中，我们会将一切看作是未知的，需要不断提升自己的才能发掘自身潜力，就像一个人成功时，需要向更高的目标迈进，而失败时，需要完善和提升自己的能力。

两种思维模式的区别主要表现在以下几方面：

1. 自身能力与努力

固定性思维趋向于自我设限，将一个人的能力和智力等因素作为天分，无论是否努力都无法改变其结果。这也就导致了拥有固定性思维的人将努力看作自身能力不足的表现，为了维护自身形象而拒绝努力。一旦他们无法客观评价自己，就很容易在自身能力不足的情况下看轻自己，在遭遇困难时，总是说："我还是放弃吧，我这辈子就这样了。"

而拥有成长型思维的人，对自己持有开放性的态度，认为智力和能力都是可以通过努力、刻意练习而提高的，这种思维方式更利于开发自身潜能。

2. 成功与失败

对于成功和失败，固定化思维看重结果，而成长型思维看重过程，也就是说拥有成长型思维的人在意不断学习和进步的过程，而拥有固定化思维的人更在意他人如何看待自己，这也就是为什么固定化思维的人更容易产生虚荣心理。

他们在获得成功时，会尽力炫耀自己的能力和成就，因为这是他们能力要强于其他人的证明。然而，当他们遭遇失败时，就很可能形成永久性的创伤。在他们眼中，失败并不是一种经历，而是一种身份认证："我失败了，我就是一个失败者"。他们不会尝试提升自己的能力，而只是一味挽救自尊，比如，不断和比自己差的人比较，来获得优越感，逃避真正的问题。

拥有成长型思维的人，一般会将目光放在重点，将所有的精力投入能力提升上，并不会在意前进路上的一些成功。在面对失败时，他们并不会用失败定义自己，反而会客观地分析失败，找出解决问题的办法，重新获得掌控权。

其实，固定化思维并不是不可改变的，我们可以通过学习和改变，尝试将自己转变为一个成长型思维者，避免在日常生活中变得虚荣。

1. 接纳自己的不足

存在即合理，每个人都会存在一些缺点和不足。但无论是由先天因素导致，还是由后天因素影响，对于这些客观存在的缺点和不足，我们都要尝试以一种接纳的心态来面对这些合理。比如，我们知道自己有拖延症，容易将某些事情拖延到最后一刻，我们就可以尝试从简单的执行目标开始，为自己制订合理的计划，安排合理的时间去完成任务。

2. 视挑战为机遇

很多人因惧怕失败而长期停留在舒适区中，但事实上，逃避困难和挑战就意味着失去了一个提高和成长的机会。不断迎接挑战，在失败中汲取经验是一个人自身发展的重要步骤，当我们将挑战看作提高自身能力的机遇时，就更容易在不断犯错中对自己有一个客观的认识。

3. 注重努力而非认可

我们需要听取他人的评价来更全面地认识自己，但不必过于在意他人的认可。一个人是否存在价值，并不由他人的评价所决定，就像艾莉诺·罗斯福所说："未经你的同意，没有人能使你感觉卑微。"

当我们总是将注意力放在是否会被他人认可时，就会忽略学习新事物的重要性，从而放弃成长的潜力。所以，我们不必在意他人如何看待自己，努力提升自己才是正道。

4. 注重过程而非结果

无论做什么事，我们都要注重过程而非结果。因为任何成长都需要一个过程，过程是从一件事中获得感悟与提高的基石。如果我们只是着眼于结果，很容易将成功与努力的因果关系混淆，变得急功近利。想要拥有成长型思维，我们需要懂得享受学习的过程，将学习的成功最大化。

思维方式是一个人看待自己和周围事物的方式，体现一种人生态度。成长型思维会帮助我们培养面对挫折的适应能力，不断促使我们进步，远离虚荣心理。

6
发现小确幸，提升幸福感知力

《走基层·百姓心声》节目曾以"幸福是什么？"为题，对不同地区、年龄、行业的人进行采访，得到了很多出人意料的结果，大多数人都表现出对幸福的迷茫。中国首位获得诺贝尔文学奖的作家莫言回答说："我不知道，我现在压力很大，忧虑重重，能幸福吗？但我要说不幸福，那也太装了吧。刚获得诺贝尔奖能说不幸福吗？"

莫言的回应表达了很多人在谈论"幸福"时的感受。有人感慨，以前吃不起、穿不起，过年会因为几个鞭炮、几粒糖开心得不得了。现在吃得好、穿得好，有昂贵的玩具、有花样繁多的美食、有最新款的衣服，却觉得过年好没意思。

有人感慨，以前住着窄小的出租屋，没有厨房，没有卫生间，却因为自己独立了，而欣喜不已。如今，住在自己买的房子里，宽敞明亮，装修风格也是自己喜欢的，却经常满面愁容，体会不到幸福。

我们从艰苦中一步步走来，明明衣食无忧，位尊名赫，家庭圆满，比以前不知好了多少倍，本应该欢呼雀跃，却常常愁眉不展。这是因为我们感知幸福的能力在减弱，不停地丧失着对快乐的感知力。

哈佛大学有一个公开选修课是最受美国人欢迎的——《幸福课堂》，里面有句话十分经典：和幸福对立的不是不幸，而是感知幸福能力的丧失。

一直以来，我们把幸福的标准定得太高了：事业上取得令人瞩目的成绩，住上宽敞的大房子，买到一辆称心的车，或者半年内加薪，一年内升职，如此等等。我们的视线一直在所谓宏大的事情上搜索，却发现很多所谓的幸福可望而不可即。有的人还觉得，生活中的那些小满足根本不能列入幸福的范畴。其实是他们的心被巨大的欲望蒙蔽，丧失了感知幸福的能力。

人与人之间的对比和竞争，能够促进社会的发展，也会使人们的欲望变得膨胀，越来越不知足。我们逐渐变得无法正确认识自己，不满足自己所拥有的一切，内心变得空虚、空洞。为了填满内心的空洞，我们开始不断寻找能够满足自己需求的事物。

我们不厌其烦地用银行中的存款、公司中的领导头衔、外貌出众的伴侣……来填补内心的空洞，但我们却离真正的幸福越来越远。当一个人的内心被这些外在物质填满的时候，他反而会被这些物质所奴役，变得为了金钱、地位、权力等带来的虚荣而不择手段。在不断追逐的过程中，我们反而会忘却了自己，随着内心的空洞越来越大，那种不满足的感觉会始终伴随着我们，我们细数自己所拥有的一切，却会发现自己拥有这么多但仍感觉不到幸福。

幸福并不是一个人的虚荣心得到满足，也不是通过外界的评价确认自我价值，而是紧紧把握自己的人生，珍惜自己所拥有的，追求自己所期望的的一种心理状态。

"小确幸"就是微小而确实的幸福。多去找寻属于自己的"小确幸"，找到后再去放大这些"小确幸"，你的幸福感知力自然会获得提升。

1. 理解生活

什么是幸福？有人说幸福就是我饿了，而别人手里拿着肉包子，那他就比我幸福；我冷了，而别人穿着一件厚棉袄，他也比我幸福。人生的每个阶段对幸福的理解都不同，小时候，拥有一件东西就是幸福；长大后，完成一个目标就是幸福；而成熟后，幸福变成了一种心态，理解和感受生活才是幸福。有时候，幸福并不取决于你拥有多少东西，而在于你对这些东西的理解。只有能够随心所欲地体验自己的精神和物质生活，才能感受到幸福。

2. 专注自己

一个人的欲望是无止境的，如果我们一直将注意力放在他人拥有，而自己没有的事物上，就很容易感到痛苦和空虚。如果我们能够注意到自己所拥有的一切，就很容易感受到幸福。

3. 发现生活中的"小确幸"

我们要拥有一颗感恩的心，感恩清新的空气，感恩出现在自己生命中的所有人。当你用一颗感恩的心去对待生活，你会发现生活中每天都会有很多"小确幸"。同时，分享这些"小确幸"也能够吸引更多的幸福来到你的身边。

另外，我们还可以尝试增加生活中的仪式感，比如养成早起的习惯，为家人做早餐或者在家吃一顿丰盛的早餐；每周约家人一起看一场电影；每周进行适当的运动；每个月组织一次全家的旅游，等等。通过发现这些生活中的"小确幸"，来感受生活中不经意间的幸福。

在忙碌的生活中，我们总是忽略、错过身边的某些美好，当我们认真感受生活中的美好时，就能发现这是一种享受，也是一种幸福的能力，能够帮助我们走过最难熬的时光。找到"小确幸"，小日子里就有了大幸福。

7

关注自己的内心，抵抗全世界的浮躁

随着互联网的普及，各种科技产品成为我们生活中不可或缺的一部分。我们整天面对着手机和电脑，却又不知道自己想要做什么。我们中大多数人都只是"三分钟热度"，想要学英语、学软件，就会在手机上下载相应的手机 APP。然而，即使下载完成也几乎没有人去使用，因为在浏览这些生僻的词汇、复杂的程序时，很多人会感觉很累，就不愿专注在这件事情上。

我们总是一方面觉得自己不够优秀，渴望做出改变；另一方面又认为改变自己实在是一件困难的事，还是保持原状比较惬意。害怕错过了某些人、某些事，担心浪费了时间，我们在这种担忧之下，始终无法将注意力真正投入一件事情中去。当晚上躺在床上的那一刻，我们就会发现原来今天又什么都没有做。

在这个浮躁的世界，我们也变得越来越浮躁了，浮躁到无法静下心来看完一本书，读完一份报纸。爱情也随之变得成为快餐，"闪婚""闪离"等也变成了司空见惯的现象。

当今的社会也变成了一锅沸腾的开水：在上班的早高峰的道路上，因车流拥挤出现轻微剐蹭，两位车主破口大骂；人头攒动的公交和地铁因拥挤发生踩踏，事故双方大打出手；高级的写字楼中，领导因家庭琐事烦躁，以训斥下属来宣泄情绪；每天早出晚归的员工日复一日进行着枯燥的工作，毫无希望……

相比过去，我们的生活变得越来越方便，衣食住行几乎都不再需要自己动手。我们有了大量的时间，可以去做更多的事，可为何却难以静下心来呢？

1. 快节奏的生活

高科技产品的问世使人们的生活变得更加便捷，同时也加快了生活的节奏。人们并不满足于以往促膝长谈等深入的交流方式，转而开始追求速度和效率。而在这种过程中，人们逐渐丢失了耐心和等待，甚至为了追求"快"而不惜投机取巧。当人与人之间的面对面沟通减少，就容易在相处中趋向于自我，从而导致在交往过程中出现冲突。

2. 工作的竞争与压力

《天演论》中强调："物竞天择，适者生存。"竞争促使人进步，也会让人面临淘汰的恐惧和压力。这也就意味着人们为了更好地生存，需要靠自己的双手去争取获得利益，不能坐以待毙、坐享其成。在这种不断努力、不断焦虑的生活状态中，人们逐渐开始变得浮躁。所以，一个人的冷漠与激进在很大程度上受到了浮躁心理的影响。

3. 快餐文化

人们过于追求效率，就催生了所谓的快餐文化，各种理财投资的"干货"、精心包装的畅销书籍、各种排行榜等。很多文章为了获取点击量，频繁使用博人眼球的标题，脱离现实的离奇情节。夸张的文字表达，将人们拉进一个阅读的怪圈——"只闻其声，不解其意"。人们在快餐文化的熏陶下，逐渐丧失了对生活的敏感度。

如果我们只是一味盲目地追求某些东西，只考虑成功的效率，那么即使得到这些东西，它们也未必会是我们所期待的样子。在不断追求的过程中，我们会在浮躁中迷失自己。所以，我们要将注意力重新转移到自己身上，找回曾经面对生活的最初动力，细细感受追求过程中的充实感和满足感。

当我们被世界的浮躁侵蚀时，我们该如何静下心来呢？

1. 认真做一件简单的事情

我们的内心之所以浮躁，是因为我们迫切希望完成某一目标，但因为某些原因而一筹莫展，甚至因为目标难度较低而选择敷衍了事。我们可以尝试做一件生活中的小事，尽量放慢自己的节奏。比如耐心煲一锅汤。从挑选食材开始，清洗，切好，把它们一层一层整齐地码放在锅里，注意火候的变化。在煲汤的时候，我们也可以准备好餐具，让平凡的生活充满情调，当我们发现生活中点滴的美好时，内心就会逐渐平静下来。

2. 冥想

我们也可以尝试冥想，放空自己的大脑，什么都不要想，仔细感受自己的呼吸，忘记身边的所有事情，体会每一次呼吸，胸腔的起伏，气流的变化。将自己的关注点从外界拉回到自己身上，告诉自己没有那么多痛苦与压力，你可以掌握自己，可以拥有美好的人生。

3. 坦然面对自己的内心

《当下的力量》中有这样一个情景：当你需要做一件事情时，你却在一个地方休息。此时，你拥有两种选择：一种是放弃休息，马上去完成这件事；另一种是放任自己休息，而且要投入休息之中。

这两种选择无论哪一种，都会令我们的内心趋于平静。而一个人之所以焦躁，就是因为一边休息着，一边不断叮嘱自己需要做的事情。这是一种自己对自己的抵抗，不仅会分散你的注意力，还会令你感到烦躁和不安。

不管外面的世界如何躁动不安，我们都要保持一颗淡然的心，用内心的淡然审视浮躁，随时调整自己的心态，在不断沉淀中找到属于自己的宁静。

8

设定目标，赋予人生意义

一个神情忧郁的女孩走进了咨询室，她向医生倾诉说，自己感受不到生活的意义，不知道自己每天做的事情有什么意义。当医生询问她拥有哪些兴趣爱好时，她回答说："我是一个无趣的人，平时没有什么兴趣爱好。"

这种空洞感已然成为大多数人生活的常态，当一个人整天忙于生计时，根本没有时间思考"这件事存在什么意义"，填饱肚子才是当务之急，一旦他们停下来，就会感觉到心里空荡荡的，这就是因为内心丧失了目标。心存目标，终日忙忙碌碌的人也会感到充实，没有目标，潇洒快活的人也无法觉察生活的意义。

心理学教授法兰克 70 岁时，依然精神矍铄。他在接受采访时讲述了自己在战俘营中的经历，在第二次世界大战期间，他被关押在远东地区的集中营内。那里环境恶劣，没有充足的食物和干净卫生的水，大多数囚犯都患上了痢疾、疟疾等疾病，饱受生理和心理上的折磨。对他们来说，死可能是一种解脱。

法兰克心如死灰，打算一死了之，但他在放风的时候遇到了一位中国老人，老人问道："你从这里出去之后，第一件想做的事情是什么？"这是他从未想过的问题，但他已经有了答案："我要再看看我的太太和孩子们。"他拥有了活下去的理由，而正是这个理由让他坚持到了战争结束。

当一个人无法体会某些事情的意义时，内心就会感到空虚。所谓意义，是指一个人安全感、成就感、存在感的集合，也可以理解为一个人从与他人和世界之间的联系中获取的心理安慰。当他们失去这种联系，就无法感受到人生的意义，内心就会变得空虚。

这种状态无关贫富，即使一个人的物质生活再富有，也无法消除内心饥饿空虚的状态。然而，很多人依然想要通过可见的物质财富来填补内心空洞，但这些行为不过是短暂分散了我们的注意力而已，当这一切结束时，安静下来的心反而会更加真切地感受到空虚。

为什么很多人感受不到生活的意义？心理医生毕淑敏这样作答："人生本没有任何意义，但为了积极的生活要去赋予其意义。"而一个目标往往就能够实现这一点，有了目标，我们就能将注意力集中在追求喜悦上，而不是在逃避痛苦上。

当我们无法感受人生的意义，就意味着心灵正在诉说它的饥渴，它需要物质以外，真正能够填满灵魂的东西。所以，我们要自己去赋予人生的意义。我们可以从以下几点入手。

1. 设定目标

空虚的状态是我们生活中的一部分，就像很多人早上醒来发现，自己所做的一切都没有什么实质性的意义。这是因为我们所接受的这一切，往往顺应了规则和他人的意愿，并不是我们的内心追求。所以，为自己设立一个目标会让我们重新掌握自己的生活，无论我们遭遇什么样的困难，都无法打消我们对美好的向往。就像一个怀孕的女人，她知道自己最终会生下一个孩子，在这种情况下，她虽然忍受痛苦的煎熬，却会期待这种痛苦的到来，因为她知道阵痛越频繁就意味着孩子即将降生。疼痛背后的具体目标，使这种难以忍受的疼痛变得更有意义了。

埃克苏佩的著作《小王子》，其实是写给成年人的童话，目的是唤醒人们内心的自我察觉。所以，当我们感到空虚时，要学会自我审视，为自己树立一个合理的目标。

2. 活在当下

"活在当下"是指一种专注、洒脱的生活状态。当我们感到空虚时，不必着急寻找自身的价值，纠正自己的行为，我们要尝试接受这种感觉，然后做一些虽然没有实际价值，却会令自己感到开心的事，逐渐调整好心态，使内心平静下来，才能让我们更有效地做出选择。

一个姑娘头顶着一罐牛奶到集市上贩卖，一边走一边想：这罐牛奶可以买几只小鸡，小鸡长大后又可以孵出多少只小鸡，自己能够赚多少钱，可以为自己买一条好看的裙子……然而，在不断胡思乱想中，她不小心摔了一跤，将牛奶罐子摔破了。

另外，我们要注意，活在当下并不意味着今朝有酒今朝醉，应该彻底放纵自己的欲望，而是要求我们对自己的现状负责，相信每一个现在都影响着未来。只有负责地活在每一个当下，才能感受到人生的意义。

张爱玲曾说："出名要趁早。"然而，她却因年少成名早早失去了人生的目标，流落异国他乡，饱受颠沛流离之苦。同样年少成名的韩寒也经历过内心空虚的阶段，他表示："我当时迷茫得就像在能见度只有一米的高速上开车，后来我就使劲挖掘自己的热爱，做自己热爱的事。"所以，在我们眼中的韩寒，是那个顶着作家、赛车手、导演等多个头衔的韩寒。

9

趣味心理测试：你的空虚指数有多高

测试题目：

一位经验丰富的海盗船长，带领一群伙伴，一起寻找遗落在大海里的宝藏，在他们即将到达目的地的时候，突然遭遇了一场灾难。请你根据自己的直觉选择海盗船即将面临的灾难。

A. 暴风雨，狂风暴雨之下，海盗船船体受损，船舱开始大面积漏水

B. 雷电，船帆被雷电劈中，引起了火灾

C. 瘟疫，海盗船上突发瘟疫，船员一个接一个地死去

D. 海兽，潜伏在海里的巨蛇攻击了海盗船

E. 藤蔓，海底的藤蔓缠绕住海盗船，无法正常前进

测试结果：

选项 A：空虚指数 30 分

水，代表波动。你的生活并不会让人感到空虚和孤独，你身边的家人和朋友都能够带给你陪伴。你内心的空虚只是来自胡思乱想，经常质疑一个人为什么要活着，不满足于为亲人、

为理想而活着的答案。这种消极的思考很容易使自己陷入悲伤的情绪，然而，在得到令自己满意的答案之前，你依然能够很好地生活，在这种思维之下，你也许会变得消沉，也许会比以前更加努力地生活。你可以尝试多做一些户外运动，通过消耗能量，分散注意力，避免长期沉浸在负面情绪之中。

选项 B：空虚指数 75 分

火，代表希望。但火也存在被熄灭的危险，这也就意味着你拥有着希望，却时刻担心希望破灭，反映了一个人内心的恐惧和缺乏安全感。你之所以会感到空虚，是因为担心受到伤害，从而在与人交往时刻意保持一定的距离。虽然你能够通过这种方式获得安全感，却会因疏远而感到空虚和孤独，认为对方根本无法理解自己。你经常和几个固定的朋友来往，却依然担心对方会厌烦自己，于是内心做好了断绝一切联系的准备。但对于一个人的生活来说，这几乎是不可能的。

选项 C：空虚指数 90 分

死亡，代表结束。你刚刚遭遇了一场失败，也许是爱情，也许是事业，而它们的结束往往会打破你既有的生活方式和规律，面对一个新的开始。但突如其来的改变让你的内心十分混乱，由于失去生活的目标而感到空虚。任何励志的鸡汤和深沉的道理，都无法填补这种空虚，只有找到一个新的目标才能重新开始生活,浑浑噩噩只会让你变得越来越糟糕。所以，你可以多花费一点儿时间去仔细考虑一下自己的问题，做出正确的选择。

选项 D：空虚指数 50 分

海兽，代表动荡。你的事业或爱情出现动荡，令你感到沮丧和空虚，这只是由于事业和爱情偏离正轨为你带来了不适应感和危机感，长期的平庸或平淡也会带来这种感受。在这种动荡之下，你的内心开始蠢蠢欲动，试图改变这种现状。但盲目地改变很容易使"结束"到来，所以，多向他人倾诉能够缓解这种空虚和苦闷。

选项 E：空虚指数 15 分

藤蔓，代表保护。你并不会感到空虚，即使偶尔出现空虚的感受，也会来去匆匆。对你而言，生活的动力与生俱来，不论生活中发生了什么，不论生活的意义存在与否，不论贫穷还是富贵，你都会用自己的方式好好地生活。

第八章　建立内在自我价值感，走出虚荣困境

1
你永远不能让所有人都满意

莎士比亚说:"一千个人眼中就有一千个哈姆雷特。"有人认为:"哈姆雷特出身高贵,举止优雅,接受过人文主义的教育,是一位翩翩公子。突如其来的变故将他变得忧郁,母亲的背叛令他痛苦,复仇的艰难令他焦虑,但最终他还是战胜了自己的弱点,惩治了恶人。"还有人说:"哈姆雷特是勇敢的,但他过于敏感而犹豫不决,将所有的精力都花费在做决定上,反而失去了行动的力量。他一直未能主动履行复仇的使命,而是在命运的帮助下完成使命。"

无论褒贬都无法否认莎士比亚笔下这个形象的经典。每个人对待任何事物都有自己的看法,我们不是人民币,永远不能让所有人都满意。

任由他人支配自己行为的现象并非只存在于故事中,现实中的很多人都希望满足所有人的要求。但实际上不同的人站在不同的角度,就会产生不同的看法。即使你再优秀,也会有人认为你不够好;即使你再客气,也会有人说你不懂礼貌;即使你再大方,也会有人认为你自私、小气……所以,无论我们怎样做,都无法做到令所有人满意。

试图令所有人满意的行为就是为了获得归属感,是一种人们渴望证明自己存在价值和意义的心理需求。根据心理学家马斯洛的需求层次理论中的分析，归属感是人们在满足生理需求和安全需求后的首选，也就导致在我们的核心信念中，会出现"我是否受欢迎"的疑问，从而出现对外界和他人评价的依赖。

其实，我们只需要从身边亲近的人身上获取归属感即可。那为什么很多人总是期望自己令所有人都满意呢？

一个过度的需求背后一定存在着过度的欠缺。当一个人在成长的过程中缺乏足够的归属感时，就很容易期望从他人身上得到弥补，长此以往，人们就会不自觉地从他人身上索取这种归属感。这也就是为什么有些人总是希望得到所有人的认可。

我们在一生中会接触到形形色色的人，如果我们因顾忌他人的感受而委屈自己，为了满足他人的期待而严格要求自己，尽可能维持自己所谓的完美形象，只会无端增加内心的焦虑、压力和痛苦。因为，"完美"从一开始就只是存在于人们大脑中的臆想，要求自己现实中做到完美，无异于痴人说梦。

无论任何一种关系，如果只是单方面地取悦对方，都只会使人遗忘真实的自我，迷失在他人的世界里。所以，我们要为自己的期待而活，取悦别人不如取悦自己。

1. 坚持自己的标准

每个人都有自己独特的口味，同一道菜你认为好吃，也会有人认为难吃。因为每个人的利益角度、思维方式都不同，自然而然存在一定差异。既然每个人都有自己的标准，你只需坚持自己的就好。坚持自己不是任性，也不是孤芳自赏，而是能够对自己的行为负责，能与周围的人和谐相处。

2. 不过度揣测别人的心思

在人际交往过程中，我们经常会揣摩对方的心思，帮助我们更好地了解对方。适当的猜测对我们的思考有一定的促进作用，但过度的猜测很容易令我们陷入主观臆想，导致判断失误。比如当一个人在与我们沟通时，出现避免眼神交集，手中不停地做其他事情等敷衍行为。这并不一定表示对方不喜欢我们，也可能是因为此时对方比较忙或者对此次谈话不感兴趣。所以，大可不必杯弓蛇影，将他人的所有行为，看作获取他人满意的信号。

3. 不轻易否定自己

不能因为工作中的失误，或者是生活中没有处理好某件事情，或者是没有处理好各种人际关系，受到别人的批评就否定自己。人无完人，每个人都会有自己的长处和短处，能够扬长避短是最好的，如不能也不可以气馁否定自己。

4. 有些议论不必理会

总有无聊的人喜欢聊别人的是非，议论别人的生活。其实这些都可以不必理会，一帮无所事事、不求上进的人的信口胡诌，有什么值得在意的价值？更没什么值得生气和当真的必要。

想要令所有人都满意是一件不可能的事，而且一个人的价值也并不体现在他人的评价上，只要尽心尽力做好自己即可。至于他人存在怎样的看法与期许，都不必太过在意。

2
悦纳自己，哪怕"我"不够好

托尔斯泰在《童年·少年·青年》三部曲中写道："我常常不知不觉陷入绝望，感到这个世界是不会给这样一个丑陋的人以幸福的：鼻子这么宽，嘴唇这么厚，眼睛小小的，还是灰颜色。还有什么比一个人的外貌更能影响他的前程的？没有什么比一个人的外表更能决定一个人是可爱还是可厌的了。"

托尔斯泰所表现的人们心理上对美的天然苛求，也促使了如今整容潮流的形成。然而，这种存在一定风险的手术所导致的骇人听闻的事件也是层出不穷，如因整容意外导致终身残疾，因整容失败导致口眼歪斜，甚至导致消费者自杀等。

对很多人来说，承认和接受自身的缺点和不足是一件极其困难的事，他们宁愿背负风险也不愿正视自身的问题，长此以往，这种观念很可能导致心理问题或人格障碍。

一个人之所以无法接纳自我，是因为在成长过程中通过外界的不断引导，将他人的感受与评价作为评判自我价值的依据，从而导致迷失真正的自我。比如孩子在与母亲的互动过程中，经常遭受母亲的批评，或者在处理矛盾时，老师经常将错误归咎在他身上。对孩子而言，父母和老师拥有不可反抗的权威，他们逐渐将这些外界信息内化，不断挑剔自己，无法接纳自己。随着时间的推移，虽然对母亲与老师的印象逐渐退出了他们的生活，但这种童年时期的权威形象却一直深藏在他们的潜意识中，只要受到相应的外界刺激，就会出现否定、指责自身的行为。尤其是自身存在某种缺陷和不足时，这种否定会变得更加强烈。

其实，每个人都因缺陷而不同。人们被赋予了不一样的条件，但每个人都拥有着无法替代的价值。我们不敢接纳自身的缺点，是因为我们不够自信，没有正视它们的勇气，但是，一个人只有悦纳自己，才能将最好的一面呈现出来。

美国动物学家坦普·葛兰汀从小患有自闭症，她知道自己与别人存在某些差距，但这并不意味着自己比别人差。当她拥有自己的公司，在全世界范围内开展关于自闭症的演讲时，有人向她请教说："你是如何治愈自闭症的？"她自信地回答说："我没有治愈，我一直都有自闭症。"与正常人相比，坦普依然存在缺陷，但她勇敢地接纳了自己的缺陷，最终成为最好的自己。

心理学家卡尔·罗杰斯在经历大量心理咨询案例后，得出了一个结论："接受你现在的样子，不会让你止步不前，而会让你更有力量去改变。你越不能自我接纳，就越没有动力改变。反过来，你越无法改变，就越不能自我接纳。这是一个死循环。"

我们看到的那些所谓颓废、自卑，没有动力去实现人生价值的人，无非就是没能接纳自己而已。所以，想要成为最好的自己，我们需要学会悦纳自己。

1. 不要过分关注自身缺陷

当我们忽视自身的缺点和不足时，他人也不会注意到。如果我们总是将关注的焦点集中在自身缺点上，他人也会意识到这一点。如此一来，我们的缺点就彻底暴露在大庭广众之下，覆盖掉自身优点，导致获得他人肯定的难度提升。最重要的是，如果我们一味着眼于自身缺点，会逐渐丧失自信，对自己的能力产生怀疑。

2. 接受自己的失败

古人云："胜败乃兵家常事。"每个人都有失败的时候，我们不能因一次甚至多次的失败就完全否定自己。所以，我们没有理由因为自身存在某种缺陷或遭遇某些失败就不能正视自己，无法接纳自己。

3. 不要自欺欺人

我们要认清并接纳自身能力，不要因能力不足而变得自暴自弃。就像有些人不满足于自身的经济能力，而用攀比来满足自己的虚荣心，以至于为自己带来更大的痛苦。有的人在面对困境时，不思进取，反而在各种场所寻欢作乐，盲目取悦自己。然而，这种自欺欺人的"快乐"终究会招致更大的痛苦。

4. 审视自己

想要接纳自己，我们需要认识到自己的优点与不足，不仅需要看到自己的成绩，还要看到自己的失败。比如在一个安静的地方，认真回想自己的优缺点，并记录下来。我们就会发现，因为平时的不在意，原本如此"不堪"的自己居然拥有这么多优点，自己是这么优秀。

与其将评判自己的标准交给别人，不如将目光看向自己，发掘自身的优点，尝试着接纳自己。悦纳自我比取悦他人更有力量，只要接纳自己的缺陷、接纳自己的不完美，我们就会发现生活的美好和人生的价值。

3
培养主见，在原则问题上不要妥协

在电影《剩者为王》中，主角的父亲的独白感动了大批观众："她不应该为父母结婚，她不应该到外面听到了什么风言风语，听多了就想结婚。她应该想着跟自己喜欢的人白头偕老地结婚，昂首挺胸的，特别硬气的，憧憬的，好像赢了一样。有一天带着男方出现在我面前，指着他跟我说：'爸，我找到了，就这个人，我非他不嫁。'……"

很多年轻人在父母的催促和外界的压力下选择匆匆结婚，曾经追求的幸福也逐渐被鸡毛蒜皮的小事所代替，而这就是一种没有主见的表现。他们没有自己的想法，对他们来说，做选择是一件十分可怕的事情，他们没有能力抉择，几乎大事小事都需要向一个可靠的人求助，甚至询问很多人的意见，在不同的答案面前犹豫不定，不知道该舍弃哪一个。这在本质上是一种逃避，不想承担后果的行为。

没有主见的人总是后悔，无论他们的选择是好是坏，都是在缺乏思考的情况下做出的，甚至是由他人代替做出的选择。他们没有预想过结果，当意料之外的事情发生之后，开始抱怨自己为什么会这样做。总之，后悔是他们的常态。

家庭因素是造成一个人没有主见的重要原因。在一个父母强势的家庭中成长的孩子大概率会变得胆小懦弱，没有主见。

以下是父母在家庭中过于强势的一些表现：

1. 过于呵护

出于对孩子的爱护，担心孩子受委屈，一味包办、代替或过多干涉孩子的事情，剥夺孩子做主的权利和空间。长此以往，孩子缺乏独立做事的经验，一旦需要独自做决定时，难免会出现不知所措、逃避、渴望得到帮助的情况。

2. 期望过高

希望孩子拥有一个光明的未来，本是一件无可厚非的事，但父母对孩子的期望过高，总是不满意孩子的表现，往往会让孩子产生挫败感，以至于失去自信。孩子担心因无法满足父母要求而受到批评，又不知道如何挽救，因此在面对事情时，会变得优柔寡断。

长期被剥夺选择的权利，会使我们丧失判断力，不知道内心真正想要的是什么，什么才是适合自己的。变得缺乏原则和主见，总是以他人的价值标准作为衡量自己的尺度。

那么我们该如何让自己成为有主见的人呢?

1. 树立自信

缺乏主见的人一般总是将某些事情的决策权交给别人，这是一种不自信的表现。自信往往不是追求来的，而是通过某些事情得到自己或他人认可后的一种感受，所以，我们可以在做成一件事之后鼓励自己，逐渐提升自己的信心。当我们的自信达到一定程度，就不需要依靠他人帮助自己决策，而是主动寻求解决办法，主动承担责任。

2. 坚持原则

每个人都有自己做事的原则，即使因自己的想法与他人不相容导致发生争执，也要坚持自己的原则，不为利益或人情所动。如果我们的坚持是错误的，应接受对方的建议并做出适当的改变，但如果我们的坚持是正确的，就不能随意抛弃自己的原则，不然别人会肆意触碰我们的底线。就像作为一名学生，就需要努力学习，不能为了获得优秀的成绩而作弊;作为一名员工，不能随便利用工作便利而徇私舞弊，更不能为了满足个人欲望变得毫无底线。

电视剧《安家》中，徐文昌为了获得买房资格与妻子办理了假离婚，却加速了妻子出轨。东窗事发后，妻子苦苦哀求他原谅，即使两人结婚多年，有着十分深厚的感情，他依然选择坚持自己的爱情观，拒绝了妻子。

3. 分析能力

我们可以尝试锻炼自己的分析能力，通过阅读书籍，激发自己的思维细胞，开拓自己的想象力，通过扩大自己的社交圈，和各种各样的人交流，避免使自己的思维固化。一个善于思考的人往往能够做出最正确的决定，而没有想法的人，才会依赖他人。就像叔本华所说："从根本上说，只有我们独立自主地思索，才真正具有真理和生命。因为，唯有它们才是我们反复领悟的东西。他人的思想就像夹别人食桌上的残羹，就像陌生客人脱下的旧衣衫。"

莎士比亚在《哈姆雷特》中写道："重重的顾虑使我们全变成懦夫，决心的炽热光彩，被审慎的思维盖上了一层灰色。伟大的事情在这种考虑下，也会逆流而退，失去了行动的意义。"所以，我们要明白，一直站在河边不动的人，永远也无法到达彼岸。

4

就算被别人否定，也要有自我肯定的能力

小泽征尔是世界上著名的交响乐指挥家。在一次指挥家比赛上，他按照大赛的乐谱指挥演奏，却发现了不和谐的声音。他最开始认为乐队的演奏出了问题，要求重新演奏，依然存在同样的问题。他怀疑乐谱中存在错误，但在场的作曲家、

评委等一众权威人士表示，乐谱一定没有问题，是他的指挥出了差错。小泽征尔斩钉截铁地说："不！一定是乐谱错了。"话音刚落，评委席上的评委们纷纷站起来，报以热烈的掌声。

评委们精心设计了这次事故，来测试指挥家在遭到权威人士的否定时，是否能够坚持肯定自己。

有些人履历十分优秀，却仍然缺乏自信，自认为能力不够好，无法将事情做好。他们拥有着常人所不能及的名校背景、扎实的专业基础，却不敢向大公司投简历，即使最后拿到了签约，也将其归结为运气。他们缺乏自我肯定，任由外界的不利评价影响着自我认知，抗拒接纳自己，导致了自卑的产生。

一个人缺乏自我肯定并非是一朝一夕形成的，而是在长期的外界否定的影响下，产生了错误的自我认知。有时，当我们试图通过一件作品来获得父母的肯定和赞美时，得到的却是嫌弃与责备；当我们拼尽全力仍无法完成任务，渴望得到理解和宽容时，得到的却是无数的打压和指责……在这个过程中，我们开始怀疑自己的能力，变得无法接纳自己。

很多人认为自己缺乏自信，是源自他人对自己的评价，但实际上，我们的内心对自己已经存在了一个定位，只不过是通过别人的观点呈现给自己的而已。比如一个因外貌丑陋遭受他人嘲笑的人，内心十分自卑，并不是他人的嘲笑使他感到自卑，而是他的潜意识就认为自己十分丑陋。假设换作一个内心强大的人，无论外界做出什么样的评价，都无法动摇他对自己的认可与肯定，因为他从心里就认为自己是漂亮的。

在心理学上，自己对自己的认识被称为"自我"，他人对自己的认识被称为"他我"。很多人会放弃"自我"，通过"他我"来肯定自己的价值，但他人的肯定不过是在自我肯定的前提下，寻求依据以及心理支持罢了，最终还要回归到"自我"。反之，也就意味着他人的否定和不认可会导致我们无法接纳自己。所以，"自我"的重要性要远远高于"他我"。

短片《幸存者》导演汉娜·格蕾丝说道："你感到一无是处，那是因为你在这样暗示自己。你越关注那些把你说成一文不值的错误观点，越会相信这就是事实。而你一旦开始肯定自己的重要性，周围的人也会开始支持你……你的价值掌握在自己手中。"那我们该如何培养自己自我肯定的能力呢？

1. 懂得拒绝

我们应该坚定在互相尊重的前提下，与他人进行沟通，并用合适的态度来表明自己的立场。当我们面对违背自己意愿或无能为力的请求时，应该坦率地拒绝。如果你实在无法拒绝对方，可以在完成之后告诉对方，这是最后一次。千万不要为了获得他人的好感，而盲目迎合他人，丧失自己的立场，学会获得主导权，感受自己的价值。

2. 懂得请求

当我们遭遇力所不逮的情况时，要懂得向他人发出请求，不可咬牙硬撑，最后将失败的原因归结为自身能力不足。向他人发出请求要基于平等的立场，表达自己的希望并避免侵害他人的利益。我们不必担心对方因此轻视自己，诚恳地请求别人的帮助并不会降低自己在他人心中的形象，反而会增加彼此之间的联系。在他人伸出援手之后，我们要切记不能忘了感谢对方，无论在物质上还是精神上，都能够消除我们亏欠他人的感觉。

我们在提出请求时，应给出清晰合理的理由，避免暗示、命令等行为，留给对方适当的考虑和提出疑问的时间，并尊重对方拒绝的权利。

3. 在差距面前保持平常心

大多数人在与地位低于自己或与自己地位相当的人相处时，很容易做到不卑不亢，坦然自如。但是，当他们与地位比自己高或者能力比自己强的人相处时，会因彼此之间的差距而心理失衡，甚至妄自菲薄。我们需要将对自身的期望放低一点，并客观地看待彼此的优势与不足，在差距面前保持一颗平常心。

穆罕默德·阿里一次又一次地对自己说："我是最伟大的！"并最终成为了一代拳王。我们不必因他人的否定就对自己产生怀疑，不是每个人的话都需要在意，也不需要达到所有人的期望，我们只需要相信自己、肯定自己就足够了。自我肯定能够帮助我们成为最好的自己，实现自己的人生理想。

5
通过积极的自我暗示摆脱自卑

内心充满自卑的人一般存在两种表现：一种是自暴自弃，喜欢用自己的缺陷来和他人的优势做比较，认为自己处处不如人，怎么努力都没有用，长期生活在别人的阴影之下；另一种是因自卑导致自尊心极强，对身边的人或事过于敏感，看重他人对自己的评价。内心的不自信导致他们不相信自己拥有达到自身期望的能力，就开始渴望通过某种快捷的方式达到自己的目的，他们所表现出的虚荣要远高于常人。

一个人越是在工作和生活中感受不到自己的价值时，就越执着于无足轻重的"底线"，处处显露自己强大的自尊心。这种自我陶醉般的自尊，不过是一种建立在不安全感之上的脆弱的自我吹捧罢了。

电影《老炮儿》中，张晓波因划花了别人的跑车而被扣押，父亲张学军为了赎回儿子不得不向曾经的好哥们借钱。张学军来到洋火儿家中，闭口不谈借钱的事，只是表示自己顺路来看看他。洋火儿见他面露难色，知道他一定是遇到了麻烦却不好意思向自己开口，于是，顺水推舟拿出 20000 元钱让他给张晓波买点儿东西。见到洋火儿的施舍，张学军仍然固执地强调面子问题，破口大骂。

如今，一些刚毕业的大学生总是期望过上"白领"的生活，宁可在家待业也不愿去从事"蓝领"职业，认为不符合自己的身份。其实，过于要强和敏感的自尊，本质上就是一种自卑。

生理学家巴甫洛夫认为："暗示是人类最简单、最典型的条件反射。从心理机制上讲，它是一种被主观意愿肯定的假设，不一定有根据，但由于主观上已肯定了它的存在，心理上便竭力趋向于这项内容。"真正内心强大的人，都习惯给自己积极的心理暗示。

阿里巴巴官方曾发表了一个名为《如果能穿越，你愿意加入 20 年前的阿里吗？》的视频。该视频回顾了阿里巴巴每一个项目的创办过程。即使一个已经知晓结局的人，也依然无法忍受重新开始，依然无法在当时的困境中坚持下来。

马云在进行业务推广时，为很多人讲解互联网趋势和电子商务的价值，却不被理解，甚至在嘲笑声中被扫地出门。坐在公交车上的马云感叹说："再过几年，北京就不会这样对我了，你们会知道我是做什么的，我至少把一个概念告诉了别人，我不成功，会有人成功的，我只希望中国人早点儿成功。"他不知道自己是否能成功，但他始终坚信走在这条路上的人一定会成功。

"再过几年，北京就不会这样对我。"即使在最无助的状态下，马云也一直保持着对电子商务未来蓬勃发展的自信，依然给自己积极的心理暗示，这才是真正的内心强大。

一个积极的心理暗示，能够将自信或成功的种子种进名为

"潜意识"的土壤中，反之，消极的心理暗示也会使这片土地变得满目疮痍，让自卑的心更加自卑。

积极的自我暗示可以驱散我们内心的恐惧与阴霾，让我们变得勇敢，不再在乎别人的负面评价。下面让我们来看看，该如何利用积极的自我暗示来增强自信。

1. 精练暗示语言

一定要精练暗示语言，避免冗长、逻辑性强的语言引发大脑思考，因为这会降低积极暗示的效果。比如使用"我行""我能"，而不是通过各种依据论证自己的优势。

2. 肯定的表达方式

积极的心理暗示需要具有肯定性的表达方式，而不是否定消极。比如将"我不紧张""我不自卑"转换成"我很放松""我很自信"。另外，避免使用将来时对自己进行暗示，而是要采用现在时，比如将"我能行""我会快乐"转换成"我行""我快乐"。

3. 恰当的暗示时间

心理学家表示："当我们的大脑处于半意识状态时，是潜意识最愿意接受意愿的时刻，用以进行潜意识的接收工作再理想不过了。"起床后、睡觉前是最佳的心理暗示时间，我们可以在睡前和醒后在床上多停留一会儿，放松全身，对自己进行积极的心理暗示，提高自己的自信。

4.反复暗示

美国心理学家威廉斯说："无论什么见解、计划、目的，只要以强烈的信念和期待进行多次反复思考，那它必然会置于潜意识中，成为积极行动的源泉。"任何刺激潜意识的行为都不是一次成功的，只有不断地给自己积极的心理暗示，我们的内心才会接受这种信号，从而变得自信。我们可以尝试将积极的心理暗示语言，贴在自己每天都能见到的地方，每天在心中重复几遍。

积极的心理暗示能够提升我们的自信状态，但是这是基于自我能力不断提升的情况下。我们不能盲目自信，而是需要利用心理暗示带给我们的积极作用，不断改变心理状态来提升自己的自信心。

6
摆脱消极想法，才能走出自卑

一名女生曾给作家三毛写信诉说内心的烦恼："我是一家报关行底层的办事员，每天下班之后，面对物质和精神都相当贫乏的人生，觉得活着的价值，十分……对不起，我暗淡的心情，无法用文字来表达，我很自卑，请你告诉我，生活最终的目的何在……"署名"不快乐的女孩"。

三毛写信回复说："从你短短的自我介绍中，看来十分惊心，29岁正当年轻，居然一连串用了底层、贫乏、暗淡、自卑、平凡、卑微、能力有限这许多不正确的定义来形容自己。不快乐的女孩，心灵也并不自由对不对？如果我是你，第一步要做的事是加重对自我的期许与看重，将信中那一串又一串自卑的字句从生命中一把扫除，再也不轻看自己……享受生命的方法很多很多，问题是你一定要有行动，空想是不行的。下次给我写信的时候，署名快乐的女孩，将那个'不'字删掉好吗？"

很多人会因为内心的自卑，认为世上一切美好的事物都与自己无关，从而不再认真照顾自己，对生活失去信心。甚至有时候，他们会为了弄清自己的价值盲目与他人比较，当对方的条件优于自己时，为了维护自尊心，而使虚荣和嫉妒心理得以滋生。

人们产生消极想法的原因有哪些？

1. 生活的压力

压力是导致人们变得消极，对生活失去希望的一大因素。大量的负面信息、生活中的琐事、工作中的竞争等造成的压力不断刺激着我们脆弱的神经，随之而来的就是对生活无止境的担忧。

ABC新闻的主持人丹·哈里斯因从事高标准、高强度且富有竞争力的工作，经常感受沮丧和焦虑，甚至在一次新闻播报中出现了不受控制的情况。他曾在阿富汗等地做过前线采访，他回忆说："当自己坐在办公室中时，脑海中无意识的恶意突然急速冲向战区，就像梦游一样。"而这种消极想法，就是源自过度的投入和负能量。

2. 过度思考

过度思考是指在大脑中反复不断地思考不同的选择，试图预测每一个选择的结果，确保自己做出完美的选择，避免错误和风险。

心理学家巴里·施瓦茨认为，一个人的选择越多，就越容易出现焦虑、犹豫、不满等消极情绪。更多的选择只能让你拥有更好的结果，而并不能为你带来快乐。比如你打算买一件外套，你将面临无数的选择："我是买一件运动的，还是休闲的呢？那款韩版潮流的不错，可是这一件也很好啊。还是买休闲的吧，可是我不喜欢拉链的……"一个简单的购买行为就会使我们忙得焦头烂额。

3. 消极反刍

每个人都会出现消极的思想，这是一种正常的现象，但很多人会在脑海中不断重复这种消极思想。这种行为，会使我们聚焦自己的痛苦，思考自己为什么会如此痛苦，并幻想事态恶化后的结果，在不知不觉中，我们就已经成为自己眼中的失败者。

那我们该如何摆脱消极想法，走出自卑呢？

1. 纠正认知

我们的认知经常会受到外界信息的影响，尤其是在对抗或竞争中失败的时候。令我们感到自卑的往往不是事件本身，而是对这件事情的认知。当对手做出的成绩超越我们时，我们内心的挫败感很容易导致心理失衡，从而低估自身的能力。原本我们拥有超越对方的实力，却会因为自卑的心理而影响自身的发挥，甚至做出甘于现状的逃避行为。

我们可以尝试从现实角度出发，认真分析导致事情成功或失败的根源，对它有一个更加清晰的理解。如此一来，我们就能够避免出现消极的想法，将所有的失败归咎在自己身上。

2. 提醒自己

当我们对某件事出现消极的想法时，可以在意识中重复计划好的思想，强化自己的动机，使自己的注意力集中。比如当我们在减肥的过程中，无法抵制美食的诱惑，打算放弃时，我们就可以告诉自己：我已经 160 斤了。而这种警示会让我们瞬间清醒，降低内心的欲望。

3. 改正消极的习惯

很多人在面对某些情况时，总是习惯性将一些消极的想法灌输进脑海中。当我们发现自己出现这种倾向时，应及时停止思考和幻想，将一些美好、积极的想法引入大脑中，从而改变自己的思维方式，纠正自己的思维习惯。

消极的思想会给我们的工作和生活带来错误的引导，只有控制这种消极思想的出现，选择那些积极、使自己充满希望的信念，才能使自己摆脱自卑、沮丧等消极情绪和心理。

7
面对批评，练就一笑而过的豁达心态

美国国际集团的总裁布鲁士，在接受采访时被询问是否对他人的批评感到敏感，他回答说："年轻时，我确实对别人的批评极其敏感，当时我渴求公司所有人的认可，承认我是完美的。如果他们不承认这一点，我就会很烦恼。为了取悦反对我的人，我往往会得罪另一个人，于是，我又需要安抚另一个人，结果大家都有意见。最后，我发现，我越是为了避免别人对自己的批评，需要我安抚的人就越多，得罪的人也就越多。"

人们无时无刻不在为批评感到烦恼和担忧，一名妻子说，在她与丈夫讨论的过程中，只要她对丈夫给出一点儿负面的评价，他就会变得特别气愤，拒绝再和我交流；一名员工说，我特别害怕每一年的年终评估，与领导面对面沟通自己一年中的工作，担心因某些原因遭受批评；一个朋友说，一个人对我讲，你可以找到一个更好的工作。我怀疑他在侮辱我，看不起我现在的工作；一位陌生人说，在超市结账的时候，因为买的东西很多，我不断被排在身后的人催促，心情瞬间变得不开心……

卡耐基在《人性的弱点》中写道："批评是危险的，因为批评伤害一个人宝贵的自尊，伤害他的自重感，并激起他的反抗。"人们为什么会出现反抗的行为？心理学家表示，反抗是一种自我防御机制，也是一种人的本能。

每个人或多或少都会存在一点儿自卑感，而批评恰恰会使人产生低人一等的感觉，加重内心的自卑感。一旦无法通过自我调节来消除这种自卑感，很多人就会为了维护自尊、维护自己的外在形象，对批评不予接受甚至反抗。拒绝和反抗像是一种逃避，能够让我们感受到暂时的安全感。

而且在批评程度较为严重，或者被批评者比较敏感的情况下，批评带来的心理冲击力会很大，以至于人们无法在短时间内缓解情绪。为了避免承受这种糟糕的心理体验，人们也会避免受到批评，至少在心中不会接受批评。从本质上讲，批评并不能直接影响我们的行为，但可以引发我们大脑中的消极思维。年龄越小，这种影响越明显。心理学家和教育专家认为："在童年时代长期遭受负面批评的孩子，成年之后，大多数人对批评会存在本能的排斥。"

苏联作家奥斯特洛夫斯基有一句名言："批评，是正常的血液循环，没有它就不免有停滞和生病的现象。"坦然面对批评，能够让我们变得更加成熟和强大。面对批评，我们要记住：

1. 多数批评无恶意

有时候，人们对某件事的看法与评价很难界定对错，批评也只是立场和角度不同的结果。这就意味着很多时候，批评不过是不同观点和看法的碰撞，并无恶意，不必太在乎。

2. 在批评中提升自己

俗话说："脊背上的灰自己看不见。"我们的缺点和不足就像脊背上的灰一样，往往自己看不见，而旁观者却一览无余。如果别人批评得有道理，我们不妨认真反省，去改正自己的错误和不足，让批评成为进步的阶梯和动力。

3. 切勿针锋相对

当我们无端遭受指责和批评时，尤其是在公众场合，众目睽睽之下，为了维护自己的形象，我们很容易失去冷静，通过反驳对方的批评以自证，满足自己对虚荣的需求。虽然这种快意恩仇会使我们的心理得到极大的满足，却会使双方之间关系逐渐疏远，直至恶化，降低我们在他人心中的形象。不如退一步，给予对方足够的尊重，树立自己大度、理智、成熟的形象。

一个人的注意力越是集中，在批评表面的伤害和脆弱时，就越容易被冲动和自我怀疑所禁锢。我们要以一种坦然的心态面对批评，用内心的执着与追求超越眼前的表象，战胜自身缺陷，使自己变得更加强大。

8

积累小的成功，放大自信的能量

一个人的成功体验，是提升自信最直接、最有效的方法。

如果你拥有一次成功演讲的经历，那么当你再次站上讲台时，就一定会充满信心。

美国共和党领袖汉纳初登政治舞台时，不知道该如何对群众演讲。他虽然有参加政治活动的野心，却没有抛头露面的胆量，甚至在众人面前无法开口说话。第一次演讲时，他无法应对茫然、紧张的情绪，脸色发白，双腿不停地颤抖。为了提升自己的自信，他决定放弃那些长篇大论的演讲，每一次演讲时都只做一些短暂的演说。事实证明，在不断的成功中，他的自信不断提升，他逐渐能够在公众面前毫不吃力地讲上半小时，甚至演讲最终成为他的专长，成为他快乐的源泉。

我们为什么会缺乏自信？心理学家弗洛伊德认为，当一个人在童年时期遭受打击、挫折，或者其他负面影响后，如果没有及时引导，这种不自信感就会被压抑到潜意识区域，进而在他成年之后，影响正常的人际交往和沟通。比如面对自己喜欢的异性，不自觉地紧张，患得患失；在社交场合，无论对方的反馈是好是坏，我们都会因缺乏自信而变得拘谨，错失各种机会……

有一名钉桩工人说："在做小事的过程中培养自信心，此后，自然也就可以把大事做好。而且，你要始终牢记一句话：'一屋不扫何以扫天下。'"这名钉桩工人最终成为了山达铁路公司的总经理。

何为自信？心理学家班杜拉曾提出了"自我效能感"的概念，是指人们对自身成功完成特定任务的能力的评估，反映了人们对自己是否有能力应对外界挑战的信念。

对于某一件事情而言，我们是否相信自己的能力，是否对这件事的结果产生积极的期望，对自身的追求和动力有着至关重要的作用。人天生存在一种惰性，希望待在舒适区内，做自己最擅长的事情，但一个人的成功取决于天赋、努力程度、时机等诸多因素，这也就意味着并不是只要足够努力就一定能获得成功。在遭遇失败后，我们的负能量不断增加，便会将失败的原因归结为自身能力的不足，在这种印象不断累积的过程中，我们就变得越来越缺乏自信。

《人生十二法则》从生物学的角度解释了这一现象：两只龙虾因生存资源而竞争，胜利的龙虾会分泌大量血清素和少量的章鱼胺，而失败的龙虾恰好相反。血清素能够使龙虾更为自信和勇敢，而章鱼胺会使龙虾变得胆小、谨慎，失败的龙虾再次遇到胜利的龙虾时，就会远远地躲在一旁。当实验人员为失败的龙虾注入一定量的血清素时，它又会鼓起勇气与胜利的龙虾竞争。

作者彼得森认为，在竞争的问题上，龙虾与人非常相似，当一个人获得成功后，体内所分泌的"血清素"也能够令他产生特定的心理反应。正如人们说的："自信就是成功经验的积累。"

自信源自成功事件的积累，那我们该如何通过不断积累小的成功，提升自信心，使其成为一种自我激励的能量呢？

1. 从每一件小事做起

我们可以尝试选择一项难度较小的任务，然后将任务的难度逐渐增加，通过不断积累小的成功，使自信的能量不断放大。在这个过程中，我们需要避免被不断的小成功冲昏头脑，如果尚未从难度颇低的任务中获得足够的经验，便立刻着手于一项难度很高的任务，大部分人往往会受到自身能力和外部客观条件的制约，导致遭受挫折。这样反而会令那些消极的负能量有机可乘。

2. 选取成功的记忆

我们需要养成一个习惯——适当从自身记忆库中选取自己充满信心的片段。同时，将以往失败的经历和情感体验从脑海中清除。有意识地回想曾经成功的经历加以描绘，当我们在开始一项新任务时，可以通过唤起成功的体验来提升自己的自信，无论这种成功是多么微不足道。

3. 勇于承担责任

一位哲人曾说："一个人的幸福程度，取决于他能够在多大程度上独立于这个世界。"我们要知道，独立意味着完整地承担必要的责任，能够凭借自身能力承担责任的人必然拥有强大的自信。在承担责任的过程中，我们能够更好地看到自己的价值，从而提升自我认同感，变得更加自信。

一些小的成功，可以帮助我们积累经验，为走向更大的成功做好准备。当我们能够将成功的习惯与自信的能量融为一体时，我们就会变得更加强大。我们不必忽视生活中的小成功，无论是多么简单的事情，我们都需要尽心尽力将它做好，让这些小小的成就放大自信的能量。

9
活得高级的人，从不向别人证明自己

在网络剧《万万没想到》中，王大锤与小美相爱后，因自身经济条件遭到了小美母亲的阻挠。面对小美母亲的强势，王大锤暗下决心，一定要"发愤图强，升职加薪，当上总经理，出任 CEO，迎娶白富美，走向人生巅峰"。他幻想着有一天，小美的母亲哀求自己娶小美，并大声说出："今天的你对我爱搭不理，明天的我让你高攀不起。"最终，王大锤希望为之证明自己的女孩，却没有等到他的成功。

这种拼尽全力想要证明自己的人，生活中比比皆是：熟人之间的暗中攀比，通过豪车钥匙，来证明自己的成功与财富；通过青春靓丽的伴侣来证明自己的魅力；情侣之间的"重逢挑战"，无论在工作、生活，还是情感方面都一定要证明自己优于对方……

很多时候，我们明明知道这种大费周章的自我证明完全没有必要，甚至会越证明心里越烦躁，但为什么事到临头仍然控制不住自己？

当我们处于婴儿阶段时，会通过哭闹来使自己的需求得到满足，习惯性认为自己是世界的中心。随着年龄的增长，我们的需求不再被随时满足，哭闹也不行，为了回到那个时刻以自己为中心的环境，我们开始迎合身边的人。比如父母认为自己不聪明，就努力学习；父母认为自己太贪玩，就帮助父母做一些力所能及的家务；为了获得同学们的喜爱，就努力做一个乐观幽默的人……

而随着生理上的不断成熟，阅历不断提升，尤其是成年后，我们会发现自己的存在感越来越低。同时，我们的心理需求却变得更加强烈，渴望从心理上获得最初的感觉。于是，我们开始倾向于向外寻求存在感，比如拥有权力、金钱，或者赢得赞扬，成为全场的焦点等。这种不断渴望证明自己的行为，其本质是自我价值感和存在感缺失的体现。

可以说，很多人从小到大都在努力向别人证明自己，证明自己是一个值得结交的朋友，是一个好同事、好领导。结果，却在证明自己的过程中迷失了人生的方向。就像德国精神分析学者埃里希·弗洛姆在其著作《逃避自由》中表示的："对于习惯于被他人安排的人来说，一旦获得选择自由时，反而会躲避、逃避自由，因为这意味着你将自己对自己负责。"

《月亮与六便士》中说道："做自己最想做的事，生活在自己喜爱的环境里，淡泊宁静、与世无争，这难道是糟蹋自己吗？与此相反，做一个著名的外科医生，年薪一万镑，娶一位美丽的妻子，就是成功吗？我想，这一切都取决于一个人如何看待生活的意义，取决于他认为对社会应尽什么义务，对自己有什么要求。"真正高级的活法是，明白自己所做的一切，不是为了让别人看见，而是要按照自己的意愿而活。

人生不应该总是为了取悦他人，顺应社会，而是应该以自我为主，为自己而活，遵从本心，在不违背既定规则的前提下，尽量让自己感到快乐和满足。那我们该如何放弃外界的证明，为自己而活呢？

1. 喜欢就去做

人的一生何其短暂，千万不要被外界的眼光束缚自己的脚步，我们要果断一点儿，大胆地去做自己喜欢的事情：追求自己所喜欢的人，寻找自己所喜欢的工作，享受自己所喜欢的生活……即使最终未能完成我们的理想与追求，但至少我们曾经努力尝试过。所以，喜欢就去做，不要总是试图踏上一条他人眼中的康庄大道。

马云在参加各种商业活动或聚会时，大多时候都穿着普通的衣服，平常的午餐也是一份小面。他从未在衣食住行上大肆炫耀来证明自己的富有，这就是一种从容与自信。

2. 活出自己的价值

大多数人不断地努力，不过是为了实现自己的价值，但我们的幸福和价值并不是通过比较而得来的，而是在不断提升自己的过程中，感受到自己的成功和力量。当我们全身心地投入自己所喜欢的事业中时，才能体会最大的幸福，也就能活出自己的价值。

3. 认可自己

无论我们处于什么样的境地，都要学会认可自己，接受自己的所思所想，喜欢自己的灵魂。只有全心全意地认可自己，我们才能更好地感受这个世界，接纳外界的恶意和不公，获得属于我们的那份幸福。

当我们不再努力向别人证明自己，当我们所做的一切都是为了自己时，未来才更加值得期待。

10
保持信念：念念不忘必有回响

"念念不忘，必有回响"出自李叔同的《晚晴集》，解释为，如果一个人坚持自己最原始、最纯真的梦想，就一定会有所收获。《李叔同人生解读》作者这样解释道："世界是个回音谷，念念不忘必有回响，你大声喊唱，山谷雷鸣，音传千里，一叠一叠，一浪一浪，彼岸世界都收到了。凡事念念不忘，必有回响。因它在传递你心间的声音，绵绵不绝，遂相印于心。"

白轩在谈及自己的梦想时说："我从小就想做一个像诸葛亮一样能够舌战群儒的人，可是，你看我现在连当众讲话都会脸红。"身边的朋友对他的梦想不以为然，但碍于情面还是鼓励说："那你一定要为它努力啊。"

他瞒着所有人去参加全国各地的演讲培训，反复练习演讲的技巧，直到自己获得全国演讲比赛的奖项。他现在成为了一名小有名气的老师，还组建了一个演讲俱乐部，帮助更多的人走出羞涩，勇敢地面对大众表达自己。而他也终于成为小时候梦想中那个勇敢的自己。面对成就，他回答说："这个愿望跟随我 30 多年，我还是放不下，忘不了，如果我不实现它，这辈子都会有遗憾。"

现实中，很多人在工作和家庭稳定的时期，依然没有放松神经，反而更加努力地去追寻自己的梦想。一位女士在休产假期间报考了珠宝鉴定师，开心地说："我终于可以光明正大地买玉石翡翠了。"这些梦想深深地扎根在每个人的心中，一旦时机成熟，我们都可以蜕变成那个期待的自己。

一个人的信念，是指内心对自己的想法观念以及意识行为，有着强烈且坚定不移的信任。心理学研究发现，一个人的心理和行为在很大程度上受到信念的影响与调节，在这个过程中，信念有着令人难以置信的力量。

心理学家丹尼斯·库恩在其著作中提及了一项实验：一个死囚在吊死和放血中选择了失血过多而死，他被绑在床上，眼睛也被蒙了起来。实验者提醒说："我们会将您的手腕血管切开，让您的血一滴一滴流出来，直到死亡。"之后，用一把刀子的刀背在他的手腕处划过，让他清晰地感受到金属刀具对自己的威胁，但并没有划破手腕。实验者用与体温相近的水代替血液，从他的手腕处滴落在地上，让他听到滴水的声音。一段时间过后，死囚在这种情况下真的死掉了。

如果一个人总是不断埋怨自己能力不足，就很难在人生中做出令人侧目的成绩。反之，若他在心里不断鼓励自己，坚定自己的信念，那他获得成功的机会就越大。这就意味着，当我们将信念引导向积极的方面，在面对各种困难和挫折时，我们的信念就会给脆弱的心理打一剂强心针，对我们的行动起到促进作用。就像《信念的魔力》一书所说："信念是始动力，能够产生把你引向成功的无穷力量：它往往驱使一个人创造出难以想象的奇迹。"

内心保持一份信念，会让我们拥有改变命运的勇气。一个人的信念是对自我目标的渴望，让我们懂得万事依靠自己，持续激发自己的潜能，感受自身的强大。

信念是一个人的精神动力和行动指南，当一个人怀揣坚定的信念，肯定自我价值，辅以对成功强烈的渴望，那他的成功将势不可当。那我们该如何树立一个坚定的信念呢？

1. 相信信念的力量

信念是一种关于"信"的意念，需要我们对关于某些事物的判断保持一种信任，相信信念能够创造出巨大的力量和动力。就如尼采所说："如果你知道自己为什么活着，你就能忍受任何一种生活。

2. 保持积极的态度

一个人之所以沮丧且悲观，是因为他总是将注意力集中在生活中的各种不如意上。面对生活，想要保持一个积极的态度，就要不断检查自己的思想，让自己的思想永远站在积极的一面，让怀疑、抱怨等负面想法没有进入大脑干扰判断的机会。

3. 循序渐进地做事

永远不要试图一下子解决所有的问题。每个人都有自己的优势与短板，我们要明白，有些事情并不是我们做不好，而是它们超越了我们的能力范畴。所以，我们应该挑选一些擅长且能够完成的事情，在不断提升自身能力的过程中，循序渐进。而且，每一次的成功体验，都会帮助我们提高我们的力量，坚定内心的信念。

4. 不要轻言放弃

当我们下定决心去做一件事情时，无论处境多么困难，问题多么棘手，我们都不要轻言放弃。只有尽自己最大的努力，顽强地坚持下去，才能够翻山越岭，披荆斩棘。

5. 在潜意识中强化信念

我们可以将自己所坚持的信念写下来，放在最醒目的地方，让自己每天都能够看到，直到它成为自己潜意识中的一部分。

坚定自己的信念，才能在人生最困难的时候，依然懂得坚持。当我们拥有信念时，我们才会以更高的标准要求自己，直到实现了自己的目标。所以，一份积极的内心信念，是所有人力量的源泉。

11

趣味心理测试：你的自信程度有多高

测试题目：

所有题目答案为：是或否。

1. 当你下定决心做一件事时，即使没有人支持，你也会坚持到底吗？（是1分；否0分）

2. 当你参加一场晚宴时，突然很想去洗手间，你会忍到宴会结束吗？（是0分；否1分）

3. 如果你打算购买一些私密物品，你会尽量选择邮购，而放弃去实体店吗？（是0分；否1分）

4. 你认为自己是一个绝佳的情人吗？（是1分；否0分）

5. 当你在消费的时候，店员的态度恶劣，你会向经理投诉吗？（是1分；否0分）

6. 你很少欣赏自己的照片吗？（是0分；否1分）

7. 当遭到别人的批评时，你会觉得难过吗？（是0分；否1分）

8. 你很少向别人表达自己真实的意见吗？（是0分；否1分）

9. 当别人赞美你时，你会持有怀疑的态度吗？（是0分；否1分）

10. 你是否总觉得自己比别人差？（是 0 分；否 1 分）

11. 你对自己的外貌满意吗？（是 1 分；否 0 分）

12. 你认为自己的能力比别人强吗？（是 1 分；否 0 分）

13. 在一场聚会中，如果全场只有你的服装不够正式，你会感到不自然吗？（是 0 分；否 1 分）

14. 你是一个受欢迎的人吗？（是 1 分；否 0 分）

15. 你认为自己很有魅力吗？（是 1 分；否 0 分）

16. 你有幽默感吗？（是 1 分；否 0 分）

17. 你当前的工作是你的专长吗？（是 1 分；否 0 分）

18. 你懂得服装搭配吗？（是 1 分；否 0 分）

19. 当遭遇危机时，你的内心冷静吗？（是 1 分；否 0 分）

20. 你在与他人合作时，是否能够合作无间？（是 1 分；否 0 分）

21. 你认为自己只是一个寻常人吗？（是 0 分；否 1 分）

22. 你经常希望自己长得像某一个人吗？（是 0 分；否 1 分）

23. 你经常羡慕别人的成就吗？（是 0 分；否 1 分）

24. 你能够为使他人开心，而放弃自己喜欢的事情？（是 0 分；否 1 分）

25. 你会为了讨好别人而精心打扮自己吗？（是 0 分；否 1 分）

26. 你会勉强自己做很多不愿意做的事情吗？（是 0 分；否 1 分）

27. 你能够容忍他人来支配自己的生活吗？（是 0 分；否

1分）

28. 你认为自己的优点比缺点多吗？（是1分；否0分）

29. 你经常向别人道歉吗？即使在不是你错的情况下？（是0分；否1分）

30. 当你在不经意间意外伤害了别人，你会感到难过吗？（是0分；否1分）

31. 你是否希望自己拥有更多的才能和天赋？（是0分；否1分）

32. 你经常听取别人的意见吗？（是0分；否1分）

33. 在聚会上，你经常等别人先与你打招呼吗？（是0分；否1分）

34. 你每天照镜子超过三次吗？（是1分；否0分）

35. 你的个性很强吗？（是1分；否0分）

36. 你认为自己是一个优秀的领导者吗？（是1分；否0分）

37. 你的记忆力很好吗？（是1分；否0分）

38. 你认为自己对异性有吸引力吗？（是1分；否0分）

39. 你懂得理财吗？（是1分；否0分）

40. 在买衣服之前，你通常先听取别人的意见吗？（是0分；否1分）

测试结果：

25—40分

你对自己信心十足，对自己的优点和缺点有清晰的认识。

但要注意的是，如果你的得分接近40分的话，你很可能属于过于自信，会给人留下一种狂妄自大的印象。过于自信者对自己的决定有专断性，坚持己见，以自己的意愿来抗衡客观事实发展规律，过于自信也不是什么好事。你不妨在人们面前谦虚一点儿，才能获得更多人的喜欢。

12—24分

你对自己颇有自信，但有时候也会缺乏安全感，对自己产生怀疑。你不妨强调自己的才能和成就，提高自信。

11分以下

你对自己不够自信，可能是由于儿时的经历，也可能是因为成年的生活状态，导致你总是认为自己不够优秀。一个人真正的自信在于接纳不完美的自己，允许自己存在缺点和不足。认真去面对自己遇到的每一个问题，不要逃避，慢慢积累自己的自信，总有一天，你也会变得光彩照人。

第九章　转化负能量，将虚荣引向正途

1
怕被人看扁，那就努力变强

不懂穿搭、收入不高、事业低迷等问题，本来是一些稀松平常的事情，但对虚荣心强的人而言，这就是天大的事。他们的关注点始终放在他人是否会因此看扁自己上，尤其无法容忍自己在公共场合出糗。

叶可欣自尊心极强，特别爱面子，由于相貌出众而格外在意自己的形象，总是担心在公共场合破坏自己"女神"的标签。最近的岗位竞选演讲，本是一个能大出风头的机会，但她却在台上出现了重大的失误。

尽管在上台之前，她反复排练了很久，但站上讲台那一刻，面对台下黑压压的人群，她不自觉地心跳加快，"尊敬的领导、评委、老师，下午好……"然而，台下的一位评委突然面露一丝笑容，叶可欣认为对方在嘲笑她，不由得自乱阵脚，惊慌失措。无奈之下，她只好乱讲一通，草草地结束了演讲。下台后的叶可欣认为自己丢尽了脸面，于是，在第二天递交了辞职报告，离开了公司。

若一个人突然意识到自己远远不如内心所期待的模样，或者周围的人没能以自己所期待的方式来认可自己，他就会出现焦虑或恐惧的情绪，而他会下意识用尽一切办法来避免这些情绪。为此，他们往往变得极为敏感，将关注的焦点放在每个人的一举一动上，体会对方的每一个眼神、每一句话，试图发掘对方不认同自己的可能。然而，这种行为恰恰放大了他人对我们的负面评价，就像对自己说"千万不要像一个北极熊"一样，越是硬性要求，我们所回避的点在脑海中就会出现得越频繁。

这种人常有着过于敏感的自尊心，表面上看是一种自尊，但本质上却是一种骨子里的自卑，总是以一种攻击的方式来保护自身的价值感，而这种脆弱的自尊心也被称为"玻璃心"。

如果一个人无法找到确认自身价值的依据，且缺乏对自我价值的认同，总是过于依赖外界的评价和认可，那他很大程度上拥有一颗"玻璃心"。而且，当一个人深陷低谷，这种担心被人看扁的心理就会更加严重。他担心别人嘲讽和轻视自己的现状，担心自己昔日的辉煌会成为别人眼里的笑话。他宁愿在低谷中堕落、沉沦，也不愿向人求助。

比尔·盖茨说："这个世界并不会在意你的自尊，而是要求你在自我感觉良好之前先有所成就。"与其担忧被他人轻视，不如努力提升自己。当你变得强大，完成人生逆袭，谁又会瞧不起你呢？以下这些建议或许可以帮你转化"负能量"：

1. 接受现实

如果你暂时处于人生低谷，不要盲目否认，急不可耐地去逃脱，更不要自欺欺人以获得自我安慰。接纳现实，努力调整好自己的心态才是解决问题的重点。我们要保持理性，尽量减轻自己的心理负担，像接纳不完美的自己一样，接纳自己的低潮。只有真正接纳了低谷的现实，我们才能对自己的处境有一个真正的认识，才能有打破僵局、重返巅峰的动力和勇气。

2. 刻意练习

心理学教授安德斯·艾利克森博士以不同领域的专业人才作为对象，进行了长期的观察和研究。随后，他提出了"刻意练习"的法则。在著作《刻意练习：如何从新手到大师》中，安德斯对"刻意练习"的定义是：学习者进行长期的、有目的的重复练习，并建立起稳健、积极的心理表征，同时对练习的反馈进行响应，以持续改进技能、强大自身。

刻意练习能让一个人展现出从未有过的良好表现，关键在于其带有明确的目的，全程努力而专注，且包含着积极的反馈，并且能不断给自己设置新的挑战，逐级向上跃升。

3. 立即去做应该做的事情

《当下的力量》这本书里描述了一个情景：明明有事急需处理，你却待在树林里偷懒。这时，你一面纠结无比，一面又抑制不住地偷懒，心情变得极其焦躁不安。

与其纠结明天要不要辞职，不如先静下心来，完成手上正在拖延的工作；与其长吁短叹地抱怨着不如意的现状，不如先将自己这一天的工作任务安排好，完成一项任务便从任务清单上画去一项……越是胡思乱想、无所事事，就会变得越来越浮躁。

网上流行的那句话"不怕别人比你有天赋，就怕比你有天赋的人比你更努力"，在这里可以改为："不怕被人看扁，就怕你不肯努力。"唯有每天进步一点点，才能改变自己不满意的处境，最终改变别人对你的看法。

2
在嫉妒中把自己变得更好

嫉妒是一种十分常见的心理。在学习中，我们会嫉妒那些成绩名列前茅的同学；在社交中，我们会嫉妒那些拥有很多优秀、多金的异性朋友的人；在工作中，我们会嫉妒那些平时没有我们努力，工资却是我们几倍的人……总之，我们往往会过于关注一些出众的人，导致自己心理失衡。然而，适当的嫉妒能够为我们提供追求美好的动力。

古雅典有一位名叫德摩斯梯尼的雄辩家。他天生口吃，而且嗓音微弱，在公民大会上发言时经常受到人们的嘲笑，因此，他非常羡慕和嫉妒站在演讲台上滔滔不绝演讲的雄辩家。

在古雅典，无论是在法庭、广场，还是在公民大会上，听众的要求都很高，演说者的每一个不适当的用词都会引起全场的讥讽和嘲笑，更何况是口吃的问题。但是，他并没有因自身的缺陷而放弃这个梦想，反而因理想与现实中的差距激起了自己的好胜心。

他跟随雅典著名演说家伊塞学习演说术，为了使自己的声音变得洪亮，他每天清晨对着大海大声朗诵；为了纠正自己的口吃，他每天含着小石子朗读；为了增加肺活量，他坚持在陡峭的山路上攀登；为了增加自己的知识量，他抄写了很多遍《伯罗奔尼撒战争史》……经过十多年的磨炼，他终于成为一名雄辩家。

心理学家认为，嫉妒心理的产生，源自我们潜意识中出现了自己应该与相似的人取得类似成就的错觉。当对方超越我们时，理想与现实不一致所导致的落差就会让我们感到一种压力，并产生一种为了打破这种平衡而出现的心理状态。

因嫉妒产生的心理状态存在两种：一种是见不得别人超越自己，既然自己无法达到某种高度，也不能让其他人超越自己；另一种是容不得别人超越自己，既然对方能够获得某种成就，那我就应该超越对方。

电影《西西里的美丽传说》中小镇里女人们的行为就是第一种嫉妒心理的真实写照。女主人公散发着超乎常人的魅力，吸引了镇子上所有的男人。小镇上的女人对她充满了嫉妒，在周围的小镇恶意散播关于她的流言。当女主人公失去了依靠，生活越发黑暗时，女人们幸灾乐祸地看她的笑话。最终，女主人公惨遭毁容，失去了那副魅惑众生的面容。

盲目的嫉妒，使人的情绪被怨恨和敌意占据，而我们的认知也会随之收集更多关于对方负面的信息，以此打击对方。

但这种嫉妒心理很容易使人们迷失方向，最终坠入深渊。

嫉妒他人，就意味着我们存在想要变优秀的渴望。如果我们能够合理地调节、控制自己，将嫉妒转化为前进的动力，将注意力转移到自身的能力提升上。就如英国哲学家罗素所说："在难免产生妒忌的地方，必须用它去刺激自己的努力，而不阻挠对方的努力。"

嫉妒是一种心理能量，如果我们能够合理地利用这股能量，将其转化成动力，就能获得很大的自我提升。那我们该如何合理地看待内心的嫉妒呢？

当我们出现嫉妒心理时，我们首先要明确自己嫉妒的"点"是什么。如果我们嫉妒他人天生的优势，比如出身、相貌等方面，与其庸人自扰，不如坦然地面对自己无法改变的事实。如果我们嫉妒他人后天的成就，可以尝试挖掘自己不如人的根源，提醒自己加倍努力，以对方为目标，将嫉妒转化为动力，努力提升自己的能力。为自己设立一个明确的边界，掌握能够掌控的因素，忽视边界之外无法控制的因素。

嫉妒心理人人都有，是一种正常现象。很多人不愿意承认自己的嫉妒，是担心此类行为损害自己的形象。我们不需要为嫉妒心理的产生而感到内疚和自责，专注于积极面对嫉妒心理产生的负面情绪即可。所以，当我们因与他人产生了差距而心生怨恨时，不妨告诉自己只不过是产生了嫉妒心理罢了，并坦然接受嫉妒所带来的负面情绪。

与其将自身精力浪费在诅咒别人"爬得越高，摔得越惨"，不如将注意力转移到自身所拥有的天赋和资源上。你会嫉妒，是因为你察觉到了自己与对方在能力或其他方面存在着差距，而不断地努力提升自己，才能缩小你们之间的差距。

盲目的嫉妒，使我们将他人的拥有的一切作为自己的目标，活在对他人的追求之上，迷失了自己。即使我们通过超越他人，满足了自己的虚荣心，获得的幸福感也会少得可怜。我们应该将嫉妒转化为激励，直面负面情绪，接纳不完美的自己，让自己成为情绪的主人，以他人为目标，踏浪而行。无论财富的多寡，如果无法正确看待嫉妒，就会逐渐沉浸在嫉妒中，没有满足也没有目标，直至耗光了自己最好的年华。

3
想要的，就努力去争取

社会学家欧文·戈夫曼在《日常生活中的自我呈现》中写道："在我们的日常交往和生活中，人人都是表演者。"生活中永远不缺少在朋友圈中"晒"各种精致生活的人，我们不能否认确实有些人的生活品质已然站在了那种高度，但大多数的"精致生活"，完全就是表演给所有人看的。

从一个年轻白领的朋友圈中看，她是一个懂得享受生活的人，衣服、鞋子、包包、化妆品等用品一定要走在时尚的前沿，对香奈儿、爱马仕、LV等奢侈品品牌如数家珍。法国轻奢风的卧室装修，复古棉麻的碎花窗帘和桌布，花瓶里每天更换的鲜花……她所发布的每一张朋友圈照片一定具有独特的视角，后期处理堪称专业。

但实际上，她的家庭条件很普通，由于对工作十分挑剔，频繁跳槽，导致经济能力一般。父母的经济支援也无法支撑起她的生活，反而耗光了家庭的所有存款。一张张"精致生活"的照片背后，写满了她的任性和虚荣。

炫耀是人的本性，但凡事过犹不及。很多人总是通过伪装、作假，不停地告诉世界"我是精致的"，对他们而言，生活的意义仿佛就只是满足内心对他人注目的渴望。但这种生活就像一只包装精美的盒子，外观与设计无与伦比，盒子中却空空如也。

心理学研究表明，被需要、被认可、被尊重是人的根本需求之一。一个人假装精致，经常在朋友圈中炫耀自己虚构的生活，不过是刻意放大了这种需求，导致了虚荣心理的产生。在这类人眼中，获得所有人羡慕、嫉妒的眼光才是人生中最大的乐趣，当他们的能力无法支撑起自己的欲望或炫耀需求时，就只能通过在朋友圈中伪装出一份"精致"，来满足他们想象中的众星捧月。

然而，通过伪装达到的"精致"，往往并不会引起他人的尊重和羡慕，反而会贻笑大方。宫崎骏在漫画《猫的报恩》中写道："你不能等待别人来安排你的人生，自己想要的，自己争取。"

所以，我们可以活得精致，但前提是一定要平衡好消费和经济能力之间的关系，不能表面风光，背后负债累累。既然我们渴望这种精致的生活，不妨努力去争取，何必在虚伪的生活中自欺欺人呢？

我们都希望他人能够看到我们美好的一面，但不要因为这种虚假的"精致"毁了我们的生活。努力争取自己想要的生活，往往比这种虚假更有意义。

网上有句话叫："成功有时候不在于你有多努力，而在于你选择的方向。"当我们渴望获得像他人一样精致的生活时，不妨将其作为努力的方向，只有明确了自己的目标，才能更有动力地追求自己的理想。同时，设定切实可行的计划，循序渐进，逐步提升自己的能力和经济条件，当我们拥有足够的实力时，渴望的精致生活才会离我们越来越近。

我们所渴望的理想生活与现实难免存在一定的差距，这也就意味着我们会面临更大的压力，来自生活、工作，甚至是家人、朋友的压力，像枷锁一般禁锢着我们，影响我们前进的脚步。而且，五彩缤纷的世界充满了诱惑，安逸、放纵等都在向我们招手，企图将我们的追求在享受中消磨殆尽，导致失去前进的动力。所以，我们一定要保持一个清醒的头脑，不畏惧于压力，不屈服于诱惑，朝着自己的期望，努力前进。

4

把缺陷变成独特的优势

很多人在困难和挫折面前容易灰心丧气，如果自身存在某种缺点，就更无法正视自己，认为自己永远比不上别人，只能坐以待毙。但是，无论缺陷也好，弱点也好，都不是我们前进路上的阻碍，而是一种逃避的借口。就算我们拥有最好的条件，没有勇气直面远方，优势也会变成劣势。

一名 10 岁的小男孩在车祸中失去了左臂，他在很长一段时间内都无法适应没有左臂的生活，变得十分自卑。父亲为了帮助他走出阴影，将他送到一家著名的柔道馆，开始学习柔道。

在三个月的练习中，柔道师父只教了他一招，男孩不解地问道："我是不是应该再学学其他的招数？"师傅回答说："你的确只会一招，但你只需要会这一招就够了。"

几个月之后，男孩跟随师父去参加比赛，轻松地赢下了前两轮。在第三轮时，男孩依旧凭借那一招赢得了比赛，进入了决赛。决赛的对方十分强壮，比赛经验十分丰富。在对抗过程中，男孩显得有些吃力，裁判担心男孩受伤，暂停了比赛，并试图说服师父放弃比赛，却遭到了拒绝。比赛继续进行，男孩抓住机会，果断使出自己的那一招，赢得了比赛。在回家的路上，男孩询问说："为什么我能够凭一招就赢得冠军呢？"师父回答说："因为你已经掌握了柔道中最难的一招，而且对付这一招的办法，只有抓住你的左臂。"此时，男孩终于意识到，自己的缺陷变成了自己最大的优势。

无法正视自身的缺陷是虚荣心理产生的诱因。因为自尊的存在，大多数人会试图通过一种虚假的方式来保护自己的自尊，而这也就导致人们为了避免因自身缺陷破坏自己在他人心中的良好形象而出现一些极力掩饰自身缺陷的行为，比如盲目攀比、表现欲强、过分讨好等。

小品《有事您说话》的主人公为了避免他人意识到自己的窘迫，总是吹嘘自己的能力，表示自己有购买火车票的便捷渠道，结果当别人真正委托自己时，为了维护自己的形象，只得夜里排队买票，弄得自己狼狈不堪。

过分关注自身的缺陷，只会无端增加我们的心理负担，让理想与现实之间的差距变得更加明显。长此以往，我们会在这种缺陷的牵绊下变得越来越自卑，而为了掩饰这种心理上的缺陷，我们又不得不通过追求浮华来加以掩饰。

卡耐基说："我们最大的弱点，也许会给我们提供一种出乎意料的助力。"当我们能够正确而全面地认识自己时，就能够通过有效地利用劣势，将其转化为优势。

1. 保持乐观的心态

俗话说："金无足赤，人无完人。"即使再优秀的人，也难免会有缺点和不足，这是客观存在的。我们应保持一种乐观的心态，理性看待自己的缺点，不必将其看作洪水猛兽，极力伪装和掩盖。同时，我们需要对自己的缺点有一个清醒的认知，避免其对自己的行为产生影响，对现实生活造成破坏。比如因在意他人的眼光而频繁跳槽，导致在事业上一事无成；因自身缺陷导致放弃努力，消极怠学；因担忧舆论的压力，放弃对爱情的追求，等等。

2. 将缺点应用到合理的范围

如果我们换一个角度，转化关注焦点，所看到的世界就会发生变化。任何事情都具有两面性，有消极的一面，自然也会有积极的一面。我们可以尝试将自身的缺点应用到合理的环境和范围，利用积极的一面将缺点变成优势。

比如一个孩子因发育缺陷导致身材矮小，经常遭受周围人的嘲笑。但是，他却可以穿越狭窄的空间，为搜查救援工作提供帮助。在特定的环境中，身材矮小的劣势也会成为常人无法企及的优势。

3. 爱上自己的缺点

常人眼中的优缺点，不过是将大众的审美和观点作为评判标准，并不证明它们在我们这里就真的一无是处。我们往往过度注视自己的缺陷，并且久久无法释怀，这样就很容易导致它成为我们前进路上的绊脚石。其实，无论缺点还是优点，适合自己的才是最好的。

一个人的缺陷就像一片白卵石中的黑金一样，虽然经常被嫌弃，但一旦遇到阳光就会闪耀出令所有人惊叹不已的光芒。

5
越能放下面子的人，发展得越好

在高等教育越来越普及化的今天，大学生毕业找不到工作成了常见的事情。很多大学生只是着眼于那些高薪且有面子的工作，宁可在家啃老，也不愿去做那些自认为没有面子的事情。而实际上，有时候我们如果放下面子，反而会获得他人的尊重。

美国犹他州的一位小学校长路克，为了激励全校师生的阅读热情，公开做出承诺："如果你们在 11 月 9 日前读完 15 万页书，我将在 9 日那天早上爬着来上班。"路克的豪言轰动了全校，所有的师生都加入了阅读的队伍，最终在 11 月 9 日前读完了 15 万页书。

存心看热闹的人给他打电话："你爬不爬，说话算不算数？"也有人劝慰他说："你已经达到激励学生阅读的目的，何必再这么认真呢？"路克回答说："一诺千金，我一定要爬着去上班。"

在 11 月 9 日的清晨，路克离开家门，开始向学校爬行。为了避免妨碍交通，他选择在路边的草地上爬行，过往的汽车纷纷向他鸣笛致敬。经过三个多小时的爬行，他终于爬到了学校，全校的师生夹道欢迎校长，孩子们蜂拥而上，拥抱他，亲吻他，像是在迎接一位凯旋的英雄。

在很多人看来，这是一件十分丢脸的事，但在诚信面前，路克放下了自己的面子，甘愿履行承诺。这一举动不但没有被他人嘲笑，反而赢得了所有人的尊敬。

很多人在生活中总是为了面子而违背自己的本心。人生最悲哀的事情，莫过于为了"面子"，而丢掉了"里子"。当我们真正地放下面子去面对生活时，我们就会发现其实大多数人都会喜欢真实的我们。

"要面子"从心理学角度来讲，它是一种过分追求虚荣的性格缺陷，是一种极度扭曲的自尊心。每个人都有自尊心，只不过人与人的自尊程度不同，渴望从他人的评价中得到对方的尊重，获得荣誉，是一种合理的需求。但过分强调自尊，就会催生出虚荣心理，追求虚假的、自我幻想中的荣誉。

法国作家尤瑟纳尔说："世界上最肮脏的，莫过于自尊心。"对很多人而言，自尊心逐渐成为一个人脆弱、自卑和敏感的借口，在影响自我价值认可的同时，不断对自己做出暗示：暗示自己不能打破其身份、财富等带来的优越感，破坏自身形象。比如，一位大学生能吃苦，但在面对一份环境差、薪资高的工作时，却依然会选择守着自己体面却稳定的工作。他们更多会担心自己接受了那份工作，会被身边的人看轻甚至嘲讽。

面子并不是与生俱来的，也非偶然间获得的，它是一个人在经历无数挫折与失败后所取得的成果。如果我们一味爱慕虚荣，看重虚名，只能是"死要面子活受罪"。

放下面子是一种生活的智慧，放下的是面子，舍弃的是

虚荣，得到的是真正的尊严。所以，我们要正确看待自己的
"面子"：

1. 量力而行

很多人为了使自己在他人面前更有面子，经常会做出一些
超出自身能力范围的事情。比如追求奢侈品、专车接送等。

但这些行为给我们带来的不仅是毫无价值的"面子"，还
有沉重的经济负担。对于衣食住行而言，我们没有必要为了
满足自己的虚荣心而过度追求面子，衣服整洁合身、食物干
净卫生即可。

2. 提升自己

当我们自身的实力强大之后，才能拥有所谓的面子。这就
需要我们不断地去努力，在我们获得成功之前，不必担心丢
了面子。就像摆地摊等看似低端的事业会让我们感觉没有面
子。所以，努力提升自己，当我们的身份、地位、经济能力
有了一定提高时，才能感受到自己的面子。

3. 不要过于看重面子

不要将面子看得过重。我们担心出丑而遭受他人的嘲笑，
但实际上每个人都在专心忙碌自己的事情，没有人会时刻关
注我们。比如当我们在大街上突然摔倒时，本以为会被他人
嘲笑，但每个人依然行色匆匆，甚至很多人还会向你伸出援手。
更多时候，丢面子不过是我们一厢情愿的想法，过于看重面
子反而会使我们变得敏感多疑。

马云说："当你只爱所谓面子的时候，说明你这辈子也就那样了。"只有真正地放下面子，才能活得潇洒、自在，才能放下日常中的琐事和顾忌，在人生的路上尽情驰骋。

6
做自己的英雄，不只为了掌声

古人言："芝兰生于深林，不以无人而不芳；君子修道立德，不谓穷困而改节。"我们内心的向往与追求，不应该因世人的眼光而改变，人生的意义绝不在于获得他人的赞誉，也不在于躲避他人的嘲笑，而在于我们真正追求的东西。即使没有掌声，我们也要做自己的英雄。《平凡的世界》中，孙少平想要去外面的世界看看，坚持离开了双水村，而哥哥孙少安只能独立支撑起贫寒的家庭。即使在孙少安的砖窑人手短缺的时候，孙少平依然没有返回家乡。在所有人的眼中，他只是一个为了自己而不管不顾的浪子，但他在离开之前，已经取得了家人的支持，而且在黄原工作的时候，无论吃了多少苦，都不肯向家人诉说，当拿到工钱时，他也不曾乱花，总是寄往家里。孙少平读了很多书，知道了双水村外还有一个更大的世界，他渴望着这个世界，却依然用自己的方式爱着这个破败不堪的家庭。

电影《哪吒之魔童降世》中，申公豹告诫敖丙："人心中的成见是一座大山，任你怎么努力都休想搬动。"这是他一生都无法跨越的痛苦与心结，而身为魔童的哪吒同样背负着这座大山。对他们而言，成见源自人们对妖、对魔的偏见，而对我们而言，则是一个人的出身、缺陷等。为了翻越这座大山，很多人选择伪装自己、迎合他人，只为博取他人对我们的认可，满足内心的虚荣。但一个人的价值不会被外界的评价所限制，就像电影中的哪吒一样，虽然被成见所伤，却依然成为人们的守护者。

每个人都渴望被赞美、被肯定，但很多人却将这种赞美看作一种对自己的救赎，因为我们在不断被指责、被比较、被拒绝、被否定的过程中，丧失了确认自己价值的能力。而外界的认可成为我们身份认同的唯一渠道。在我们眼中，别人印象中的自己才是真实的自己，于是，我们就会不顾一切地维护这一形象。

我们一面追求着高效率、高成就的工作和生活，一面在自己构建的幻境中寻找自我价值。当别人对我们认可、赞美时，我们会觉得自己是一个成功的人；而当别人对我们否定时，我们变得焦虑、迷茫，仿佛一切自我都完全依赖于外界。我们的相貌、穿着、财富、地位都是向他人，也是向自己证明自己的依据。我们所渴望的认可、尊重和赞美也逐渐变成毕生的追求，它满足了我们的虚荣心，为我们带来了快乐。但长此以往，我们对自我失去了接触，从而无法相信自己，并丧失了感受和表达自己的能力，即使生活依旧，我们也只是活成了别人眼中的样子。

《穆斯林的葬礼》中说："在陌生人中孤独地旅行，不是为了寻找谋生的路，也不是寻找爱，而是寻找自己。"鲜花与掌声不过是人生中的点缀，何必过于在意呢？我们所追求的是心中的梦想，若因掌声迷失自己的方向，岂不是舍本逐末？一个志在巅峰的人，绝不会被山腰上的花朵牵绊住脚步。

胡建庚是一位医生，突如其来的疫情让他顾不上家庭，也顾不上自己的身体，果断奔赴一线。他说："疫情就是命令，奔赴疫情一线从未惧怕和后悔，我是传统医学继承者，当新冠肺炎发生后，就希望能为社会做点什么，医院刚好给我这样的机会。"

忙碌的工作让他成为女儿嘴里的"骗子"，他每一次承诺的马上回家却总是无法实现。胡建庚心酸不已，对女儿十分愧疚，但他依然坚持奋斗在一线，毫不松懈。他表示："作为医院平凡岗位上的一员，认真履行职责，做该做的事情，做对的事情。在这场疫情中，看到全国的医护人员都在战斗，医院很多同事也都积极申请到防疫一线工作，我只是其中的一员，很高兴能为抗击疫情贡献自己的一份力量。"

生命的意义在于提高自己，让自己的价值得以实现。不必成为别人眼中的英雄，努力追求自己的理想，即使在所有人眼中我们只是一个鼓掌的人，也并不妨碍我们做自己的英雄，而掌声也是为自己而鼓。